David Helm está profundamente comprometido com a exposição pública da palavra de Deus e com o treinamento de pregadores. No entanto, neste guia, ele defende, em nossas igrejas, uma cultura profundamente enraizada da leitura bíblica em conjunto. Certamente, tanto uma coisa como outra andam de mãos dadas, mas muitos cristãos não sabem por onde começar nesse ministério pessoal de leitura da Bíblia. Este guia fornece a inspiração para essa revolução ministerial bastante necessária e o crescimento da videira do evangelho em todos os cantos de nossas comunidades.

Colin Marshall
Autor de *A treliça e a videira* e diretor da Vinegrowers

O que eu amo em *Discipulando com a Bíblia* é que ele estende o ministério expositivo do púlpito para o banco. Não é apenas o pregador que vai à Palavra de Deus semana a semana e dia a dia para ensinar, treinar, chamar à fé, mas toda a igreja. Não é mais simplesmente uma pregação expositiva, mas uma igreja expositiva, onde todas as pessoas estão levando outros à Palavra de Deus.

Tim Challies
Blogueiro e presbítero na Grace Fellowship
(Toronto/Canadá)

Você sonha com um movimento da Palavra se espalhando como um incêndio de crente para crente, contagiando toda a igreja, mas, quando vai discipular alguém, dá um branco por não saber por onde começar? *Discipulando com a Bíblia* oferece princípios e dicas simples que qualquer cristão pode aplicar. Tem me ajudado a tornar discipulados individuais e grupos pequenos mais dinâmicos, interativos e centrados nas Escrituras.

David Merkh, Jr.
Pastor na Primeira Igreja Batista de Atibaia

Quero ser um evangelista mais fiel e um discipulador mais eficaz. Desejo que os membros da minha igreja também cresçam e amadureçam nas disciplinas espirituais da evangelização e do discipulado. Enfim, nós temos em mãos uma ferramenta ideal para este fim. Que esta obra simples, objetiva, prática e útil encoraje você e a sua igreja a serem instrumentos nas mãos do Senhor para alcançar outras pessoas com a Palavra de Deus!

John McAlister
Pastor da Catedral da Igreja Cristã Nova Vida (RJ)

O livreto de Helm incentiva o evangelismo relacional e o discipulado com base na palavra viva e ativa de Deus, oferecendo ferramentas práticas para a leitura da Bíblia em duplas e vislumbrando uma mobilização do povo de Deus que complementa os programas da igreja. Helm nos conclama a convidar as pessoas não apenas para um evento, mas para nossas vidas e para a vida de fé em Jesus Cristo, oferecida em sua palavra.

Kathleen Nielson
Autora e conferencista

Trata-se de uma abordagem renovada a uma das formas mais práticas e pessoais de compartilhar o evangelho. No ministério evangelístico, essa estratégia é muito importante para fazer discípulos. Pastor, você vai querer obter cópias para os presbíteros, diáconos, funcionários, coordenadores de discipulado e congregações.

Justin Holcomb
Professor de teologia no Reformed Theological Seminary e no Gordon-Conwell Theological Seminary

David Helm compôs um guia para auxiliar os cristãos em um dos métodos mais simples de ajudar outras pessoas: ler a Bíblia junto com elas. No evangelismo e na edificação, não há nada melhor do que abrir o texto da Bíblia e ler o que o próprio Deus realmente disse. Os cristãos precisam apenas confiar na palavra de Deus e ter a competência básica de lê-la junto com os outros. David nos prestou um ótimo serviço ao ajudar as pessoas a adquirir essa aptidão.

Phillip Jensen
Professor e evangelista em Two Ways Ministries

FIEL
Editora

Discipulando com a Bíblia

um manual para ler a Escritura juntos

DAVID HELM

H478d   Helm, David R., 1961-
         Discipulando com a Bíblia : um manual para ler a Escritura juntos / David Helm ; [tradução: João Paulo Aragão da Guia Oliveira]. – São José dos Campos, SP: Fiel, 2020.

         Tradução de: One-to-One Bible reading.
         Inclui referências bibliográficas.
         ISBN 9788581327075 (brochura)
              9788581327082 (epub)

         1. Discipulado (Cristianismo). 2. Bíblia – Estudo e ensino. 2. Bíblia – Crítica, interpretação, etc.. I. Título.

                                                      CDD: 269.2

Catalogação na publicação: Mariana C. de Melo Pedrosa – CRB07/6477

Discipulando com a Bíblia:
um manual para ler a Escritura juntos

Traduzido do original em inglês
One-to-One Bible Reading

© Holy Trinity Church (Chicago) 2011
por David Helm
Copyright © 2011 por Matthias Media

∎

Originalmente publicado em inglês por Matthias Media (matthiasmedia.com.au)
St Matthias Press Ltd, 937 Bourke Street, Waterloo NSW 2017, Australia

Copyright © 2019 Editora Fiel
Primeira edição em português: 2020

Os textos das referências bíblicas foram extraídos da versão Almeida Revista e Atualizada, 2ª ed. (Sociedade Bíblica do Brasil), salvo indicação específica.
Todos os direitos em língua portuguesa reservados por Editora Fiel da Missão Evangélica Literária
PROIBIDA A REPRODUÇÃO DESTE LIVRO POR QUAISQUER MEIOS SEM A PERMISSÃO ESCRITA DOS EDITORES, SALVO EM BREVES CITAÇÕES, COM INDICAÇÃO DA FONTE.

∎

Diretor: Tiago J. Santos Filho
Editor-chefe: Vinicius Musselman
Editor: Vinicius Musselman
Coordenação Gráfica: Gisele Lemes
Tradução: João Paulo Aragão da Guia Oliveira
Revisão: Shirley Lima – Papiro Soluções Textuais
Diagramação: Rubner Durais
Capa: Rubner Durais
E-book: Rubner Durais

ISBN impresso: 978-85-8132-707-5
ISBN e-book: 978-85-8132-708-2

FIEL
Editora

Caixa Postal 1601
CEP: 12230-971
São José dos Campos, SP
PABX: (12) 3919-9999
www.editorafiel.com.br

SUMÁRIO

Prefácio à edição em português..................9

Parte 1 | O que, por que e como..................17

1 | Algumas pessoas que você conhece 19

2 | Por que ler em dupla? 23

3 | Para quem serve? 31

4 | Como começar? 35

5 | Como é uma reunião típica? 41

6 | Preparação 49

7 | Uma experiência pessoal 53

Parte 2: Estruturas e ideias..................57

8 | Dois métodos simples para a leitura da Bíblia 61

9 | Livros da Bíblia para diferentes situações 69

10 | Ajuda para a leitura de diferentes gêneros bíblicos 79

11 | Oito semanas com o Evangelho de Marcos 95

Apêndice 1: Curso com atividades e perguntas e respostas 101

Apêndice 2: Material para reprodução 121

PREFÁCIO À EDIÇÃO EM PORTUGUÊS

> Ide, portanto, fazei discípulos de todas as nações, batizando-os em nome do Pai, e do Filho, e do Espírito Santo; ensinando-os a guardar todas as coisas que vos tenho ordenado. (Mt 28.19-20a)

Quando lemos Mateus 28, logo pensamos em missões. Contudo, esse texto é mais que uma chamada missionária a terras distantes; é uma chamada para que todo discípulo de Cristo viva como missionário onde estiver. Colin Marshall e Tony Payne comentam:

> A comissão não é fundamentalmente sobre missões em algum lugar de outro país. É uma comissão que torna o fazer discípulos a agenda e a prioridade normal de cada igreja e de cada discípulo cristão. [...] Ser um discípulo significa ser chamado a fazer novos discípulos.[1]

Nosso Senhor planejou um ciclo ininterrupto na Grande Comissão. Cristo ordenou que seus discípulos façam discípulos, batizando e ensinando a guardar tudo que ele ordenou, sendo uma das ordens justamente o fazer novos discípulos, batizando e ensinando... e assim por diante. O que significa que você também foi chamado para fazer discípulos!

É comum entendermos o dever de evangelizar, porém temos certa resistência com a ideia de discipular. Pensamos que ensinar a Bíblia é algo para pastores, teólogos ou crentes já muito maduros. Porém, essa não é a comissão de Cristo, nem o ensino da Escritura.

Somos todos chamados a estimular uns aos outros ao amor e às boras obras (Hb 10.24), a admoestar uns aos outros (Hb 10.25), a consolar uns aos outros com as verdades da fé (1Ts 4.18) e a nos exortar

---

1 Colin Marshall e Tony Payne, *A treliça e a videira: a mentalidade de discipulado que muda tudo* (São José dos Campos, SP: Fiel, 2015), 19-20.

mutuamente a cada dia (Hb 3.13). Somos chamados a edificar uns aos outros (1Ts 5.11). Efésios 4.7-16 pinta um quadro fantástico sobre a edificação da igreja.

E a graça foi concedida a cada um de nós segundo a proporção do dom de Cristo. Por isso, diz: Quando ele subiu às alturas, levou cativo o cativeiro e concedeu dons aos homens. Ora, que quer dizer subiu, senão que também havia descido até às regiões inferiores da terra? Aquele que desceu é também o mesmo que subiu acima de todos os céus, para encher todas as coisas. E ele mesmo concedeu uns para apóstolos, outros para profetas, outros para evangelistas e outros para pastores e mestres, com vistas ao aperfeiçoamento dos santos para o desempenho do seu serviço, para a edificação do corpo de Cristo, até que todos cheguemos à unidade da fé e do pleno conhecimento do Filho de Deus, à perfeita varonilidade, à medida da estatura da plenitude de Cristo, para que não mais sejamos como meninos, agitados de um lado para outro e levados ao redor por todo vento de doutrina, pela artimanha dos homens, pela astúcia com que induzem ao erro. Mas, seguindo a verdade em amor, cresçamos em tudo naquele que é a cabeça, Cristo, de quem todo o corpo, bem ajustado e consolidado pelo auxílio de toda junta, segundo a justa cooperação de cada parte, efetua o seu próprio aumento para a edificação de si mesmo em amor.

O apóstolo Paulo afirma que a graça foi concedida a cada um, segundo o dom que Cristo deu. Ele explica que, quando Jesus ressuscitou e subiu aos céus, capacitou seu povo com dons. Alguns, Cristo chamou para se dedicar ao ministério da Palavra (apóstolos, profetas, evangelistas e pastores-mestres). Até esse ponto, muitos concordam.

Entretanto, o texto continua, e o apóstolo explica que esses ministros da Palavra foram dados para aperfeiçoar, treinar e prepara os santos para que desempenhem seu serviço, seu ministério. Ou seja, não são só os ministros da Palavra que têm um ministério. Todo cristão tem um ministério.

Mas há mais. O texto diz que todo membro do corpo de Cristo deve "seguir a verdade em amor", ou seja, deve ser verdadeiro, e não falso, deve amar na prática, e não só de palavras, e deve comunicar a verdade em amor. Ou seja, não são só os pastores os ministros da Palavra. Todo cristão tem um ministério da Palavra. Pastores são chamados de forma particular para isso, mas de forma geral todos somos chamados a falar a verdade em amor.

E, quando todo membro coopera em serviço e ministração da Palavra, a igreja cresce, o corpo "efetua o seu próprio aumento para a edificação de si mesmo em amor" (v. 16). Quando essa figura de uma igreja expositora da Palavra acontece, nós crescemos à imagem de Cristo!

Porém, mesmo ao entendermos nossa responsabilidade, muitas vezes damos a seguinte desculpa: "Não estou pronto para isso!". Mas não existirá um ponto em que diremos "agora estou preparado para discipular", pois jamais seremos perfeitos desse lado da glória. Até mesmo o apóstolo Paulo questionou quem era "suficiente para estas coisas" (2Co 2.16). Contudo, ele entendia que "a nossa suficiência vem de Deus" (2Co 3.5). Sim! Deus nos capacita para a realização de sua obra. Cristo está com aqueles que se engajam em sua Comissão até a consumação dos séculos!

Assim, podemos descansar enquanto trabalhamos! A ideia pode parecer estranha, mas assim é a vida cristã: nós trabalhamos segundo o trabalho da graça de

Deus em nós (1Co 15.10). Nós plantamos ou regamos, mas é Deus quem dá o crescimento (1Co 3.6). Nosso trabalho consiste em realizar fielmente a obra que ele nos deu, confiando que a Palavra de Deus no poder do Espírito é capaz de levantar os mortos!

O profeta Ezequiel teve a visão de um grande vale de ossos secos (Ez 37): o povo de Deus morto. Haveria esperança? Sim! O Senhor orientou Ezequiel a proclamar a Palavra e anunciar a vinda do Espírito. E, assim, o povo de Deus se refez! Essa profecia se cumpre quando Deus envia seu Verbo no poder de seu Espírito à terra. Cristo edificou e está edificando a sua igreja até o dia em que uma multidão incontável de remidos esteja diante do Grande Trono.

A verdade é que muitas vezes não discipulamos, pois não confiamos profundamente no poder da palavra de Deus. No fundo, achamos que é o desempenho de nossas habilidades ou de algum programa que trará resultados. Mas é óbvio que desanimaremos se olharmos para nós mesmos. Porém, se mantivermos nossos olhos fixos na palavra de Deus, encontraremos coragem!

Pense no poder da palavra de Deus. Deus criou o Universo dizendo "haja" (Gn 1)! E houve! "Os céus por sua palavra [o Filho] se fizeram, e, pelo sopro de sua boca [o Espírito], o exército deles (Sl 33.6). Além disso, Cristo sustenta "todas as coisas pela palavra do seu poder" (Hb 1.3).

E não só a criação é realizada pela palavra de Deus, como também a nova criação. 1 Pedro 1.23-2.2 ensina que nós fomos regenerados "não de semente corruptível, mas de incorruptível, mediante a palavra de Deus, a qual vive e é permanente". Tiago 1.18 diz que Deus "nos gerou pela palavra da verdade" e Romanos 10.17 ensina que a fé vem pelo ouvir da pregação da palavra de Cristo. Ou seja, é pela palavra de Deus que começamos a vida cristã. Sem a Palavra no poder do Espírito, sem novo nascimento.

O apóstolo Pedro continua e instrui seus leitores a desejar "ardentemente, como crianças recém-nascidas, o genuíno leite espiritual, para que, por ele, vos seja dado crescimento para salvação" (v. 2). Jesus orou que fôssemos santificados na verdade da palavra de Deus (Jo 17.17), recebendo a consolação e a esperança das Escrituras (Rm 15.4). Ou seja, a palavra de Deus é crucial não apenas em nosso novo nascimento, como em nosso desenvolvimento na vida cristã. Sem a Palavra no poder do Espírito, sem santificação.

Desse modo, há duas verdades cruciais. Primeira, Cristo nos comissionou a discipular. Segunda, nós temos em Deus, em sua Palavra e em seu Espírito, tudo de que precisamos para ser conduzidos à vida e à piedade, bem como para ajudar outros nessa caminhada (2Pe 1.3). Somos todos responsáveis por falar a verdade em amor tanto para incrédulos como para cristãos.

Mas como fazer isso? Como conectar discipulado e Palavra? É com alegria que escrevo o prefácio desta obra. Ela nos ajuda a descomplicar o discipulado e mostra de forma simples e acessível como um crente com a Bíblia na mão e um coração disposto a amar seu próximo já está preparado para ser um elo na corrente da Grande Comissão.

Vinicius Musselman
Editor no Ministério Fiel e integrante da
equipe pastoral da Igreja Batista da Graça
de São José dos Campos

PARTE 1
O QUE, POR QUE E COMO

*Sou profundamente grato a
Scott Polender, por sua contribuição
ao texto da Parte I, e a Robert Kinney,
por seu trabalho editorial.*

Capítulo 1
ALGUMAS PESSOAS QUE VOCÊ CONHECE

É provável que você conheça alguém, talvez um colega de trabalho, que não é realmente uma pessoa muito igrejeira.

Vamos chamá-lo de André. Talvez você tenha discutido religião com ele; talvez não. Você tem bastante certeza de que André não é cristão, mas ele parece curioso sobre sua fé. Ele também parece ter algumas concepções equivocadas sobre o que a Bíblia diz. Você nunca teve tempo nem oportunidade de responder às perguntas dele.

Você também conhece uma jovem da igreja. Vamos chamá-la de Norma. Ela tem vinte e poucos anos e, recentemente, começou a frequentar seu grupo de estudo bíblico. Ela parece ser uma cristã relativamente nova e sabe muito pouco sobre a Bíblia, mas está ansiosa para aprender mais.

Você provavelmente conhece outras pessoas assim da igreja; talvez um jovem que seja um cristão agradável e totalmente comprometido. Vamos chamá-lo de Júlio. Ele, ao lado de sua esposa, é voluntário no berçário um domingo por mês. As pessoas o respeitam e valorizam sua opinião, mas ele, em geral, não é considerado para atuar na liderança.

Essas são três pessoas comuns, muito parecidas com as pessoas em sua vida. Cada uma delas tem uma perspectiva diferente sobre Jesus Cristo e a fé cristã.

Agora, vamos imaginar que você tenha recebido a missão de elaborar um plano para o crescimento espiritual e o discipulado dessas três pessoas, ou de pessoas em situações semelhantes. Que tarefa! Por onde começar? Talvez você possa convidar o André para o próximo grande evento evangelístico que sua igreja vai realizar. Ok. E não existe também um programa de discipulado que possa ser bom para a Norma? Ok. Mas ainda falta o Júlio. O que você vai fazer com ele? Aparentemente, ele está se saindo muito bem. Talvez uma classe de interesse especial oferecida por sua igreja possa ser útil a ele? Ok.

Agora, se algum desses projetos de crescimento é algo que lhe vem à mente, quero que saiba que você não está sozinho. Afinal, por muitas gerações, fomos condicionados a pensar no crescimento espiritual principalmente em função de um *evento* para ir, de um *programa* do qual participar ou de *cursos* a frequentar. Em geral, a igreja investe sua energia criativa em produzir eventos, programas e cursos especialmente programados para levar as pessoas a Cristo e ajudá-las a crescer na fé.

Porém, mesmo assim, por mais bem-sucedidos que alguns desses programas possam ser, ainda podemos estar perdendo algo mais dinâmico — algo mais direto e adequado aos dias de hoje — que devolve o crescimento do evangelho à dinâmica cotidiana do relacionamento pessoal, em vez de confiar em programas administrados pela igreja.

Pense em uma forma de André, Norma e Júlio crescerem em seu conhecimento do Senhor Jesus Cristo pelos mesmos meios. Eles poderiam ser orientados de maneira mais profunda e significativa do que com um evento, um programa ou na sala de aula. Eles poderiam ser guiados individualmente por alguém que cuide deles.

Que maneira é essa? Que atividade é tão simples e universal, e, ao mesmo tempo, atende às necessidades de discipulado dessas três pessoas tão diferentes?

Chamamos isso de ler a Bíblia em dupla.
Mas o que é exatamente ler a Bíblia em dupla? E por que devemos fazer isso? Para quem isso é útil?

Capítulo 2

POR QUE LER EM DUPLA?

Ler em dupla é uma variante da atividade cristã mais central — ler a Bíblia —, mas realizada no contexto da leitura na companhia de alguém. É algo que um cristão faz com outra pessoa, regularmente, por um período acordado entre os dois, com a intenção de ler e discutir um livro ou uma parte de um livro da Bíblia.[2]

No livro *A treliça e a videira*, os autores sonham com esta ideia:

---

[2] A ideia por trás da leitura bíblica em dupla não é exclusivamente nossa ou de nossa igreja. Encontramos a ideia pela primeira vez em meados da década de 1990, tendo sido usada por Carrie Sandom e pela equipe da Round Church, na St. Andrew the Great, em Cambridge, Inglaterra. Também sabemos que versões semelhantes dessa ideia estão sendo empregadas em várias outras igrejas na Inglaterra e na Austrália, todas com grande êxito. Por fim, embora essa ideia seja, em geral, desenvolvida em contextos de duplas, nada impede de ser empregada também em trios ou quartetos.

> Imagine se todos os cristãos, como parte normal de seu discipulado, fossem envolvidos numa rede de leitura bíblica regular — não somente aprofundando-se na Palavra em particular, mas lendo-a com seus filhos antes de dormirem, com seu cônjuge durante o café da manhã, com um colega de trabalho não cristão, uma vez por semana, durante o almoço, com um novo cristão, a fim de acompanhá-lo, uma vez a cada quinze dias, para encorajamento mútuo.
>
> Seria uma rede incrível de relacionamentos pessoais, oração e leitura da Bíblia — mais um movimento do que um programa —, mas, em outro nível, seria algo profundamente simples e ao alcance de todos.
>
> É um pensamento estimulante![3]

Essa ideia simples pode influenciar sobremaneira o crescimento do evangelho, não apenas em sua própria vida, como também na vida de seus familiares e amigos. Mais especificamente, há pelo menos quatro benefícios palpáveis na leitura em dupla.

---

3 Tony Payne e Colin Marshall, *A treliça e a videira* (São José dos Campos, São Paulo: Fiel, 2015), 66.

1. Salvação

Anteriormente, imaginamos um colega de trabalho chamado André. André não é cristão, mas está curioso sobre sua fé e, às vezes, até mesmo sobre a mensagem do evangelho. Na sua situação, talvez André seja um colega de trabalho, um amigo ou um parente. Ler em dupla é a ideia perfeita para você e André. O livro de Tiago nos diz que a palavra de Deus "é poderosa para salvar a vossa alma".[4] De fato, exceto pela palavra de Deus para nós, acerca de Jesus, é impossível uma pessoa saber como ser perdoada do pecado e ser aceita por ele. O apóstolo Pedro faz a mesma afirmação em uma de suas cartas: "pois fostes regenerados não de semente corruptível, mas de incorruptível, mediante a palavra de Deus, a qual vive e é permanente".[5] A partir desses versículos, fica claro que a leitura da Bíblia é infinitamente importante, não apenas para os cristãos, mas também para os não cristãos.

2. Santificação

Os cristãos também são chamados a encorajar *uns aos outros* e edificar *uns aos outros*.[6] Eles são chamados a instruir uns aos outros, a falar a verdade

---

4 Tiago 1.21.
5 1 Pedro 1.23; ver também Romanos 10.10-14.
6 1 Tessalonicenses 5.11; Hebreus 3.13; Efésios 4.29.

uns aos outros, a ensinar e a admoestar uns aos outros com a sabedoria da palavra de Cristo, bem como a incentivar uns aos outros a amar e fazer boas obras.[7] Em sua primeira carta, Pedro diz que a *Palavra* que nos salvou é a mesma *Palavra* que nos fortalece em nossa fé. Ele escreve: "desejai ardentemente, como crianças recém-nascidas, o genuíno leite espiritual, para que, por ele, vos seja dado crescimento para salvação".[8] Em outro lugar, o apóstolo Paulo descreve a utilidade e a versatilidade da Bíblia, declarando-a como "útil para o ensino, para a repreensão, para a correção, para a educação na justiça".[9] Os cristãos são chamados a viver *juntos* como cristãos, amando os que estão à sua volta e espalhando a verdade de Deus entre todos. Pense em Norma e em pessoas como ela. De que ela realmente precisa para crescer em sua fé recém-descoberta? Não seria expor-se à palavra de Deus? A Bíblia não nos promete que Deus usará sua palavra para nos ensinar como seguir a Cristo? A leitura bíblica em dupla fornece uma excelente maneira de os cristãos se fortalecerem no caminho da santificação.

---

7   Romanos 15.14; Efésios 4.15; Colossenses 3.16; Hebreus 10.24.
8   1 Pedro 2.2.
9   2 Timóteo 3.16.

3. Treinamento

A leitura em dupla pode ser empregada para identificar e treinar pessoas no exercício de maiores responsabilidades no ministério. Em outras palavras, esse é o plano perfeito para alguém como Júlio. A maioria das igrejas está cheia de pessoas que amam Jesus e estão envolvidas de todas as maneiras que se consideram capazes. Na realidade, essas pessoas estão esperando alguém investir nelas para a obra do evangelho. Imagine as coisas que pessoas como Júlio poderiam realizar por Cristo se alguém investisse nelas para o ministério da Palavra. Não se esqueça de que Jesus aplicou seu ministério à formação de doze discípulos — e, entre os doze, ele se concentrou especialmente em três: Pedro, João e Tiago. A mensagem acerca de Jesus se dissemina hoje da mesma forma que ocorreu naquela época. Esse investimento em apenas alguns pode não parecer o uso mais eficiente do tempo, mas foi por meio de poucas pessoas que o evangelho de Cristo alcançou os confins da terra, reunindo gente de todas as nações em seu reino — isso sem falar na transformação de culturas, na reforma de leis, na fundação de universidades e hospitais, na inspiração de músicos e pintores e no fato de alcançar os pobres e marginalizados.

4. Relacionamento

A natureza *pessoal* da leitura bíblica em dupla é outra razão para que todo cristão considere essa ideia. Hoje em dia, as pessoas têm fome de relacionamentos consistentes. A linguagem da amizade se banalizou. Transformamos conhecidos em "amigos" ao clique de um botão. A leitura bíblica em dupla oferece a oportunidade de se desenvolverem amizades verdadeiras, relacionamentos mais estreitos e revestidos de maior substância. E é esse aspecto pessoal que agrada a muitas pessoas. Considere a seguinte evidência do pesquisador Ed Stetzer:

> Entrevistamos um total de mil pessoas com e vinte e poucos anos sem vínculos com alguma igreja (novecentos americanos e cem canadenses) e as comparamos com uma amostra de quinhentas pessoas mais velhas sem igreja (com mais de 30 anos) (...).
>
> Uma das questões com as quais pedimos que concordassem ou discordassem era a seguinte: "Eu estaria disposto a estudar a Bíblia se um amigo me convidasse". Bem, entre os mais jovens, 61% responderam: "Sim". E, entre os mais velhos, 42% responderam: "Sim". E essa foi uma

diferença estatisticamente significativa, dizendo-nos que algo está acontecendo, que existe uma abertura. Então, estamos vendo isso como uma oportunidade — que, no meio de algumas visões eventualmente negativas da igreja, também haja alguma abertura para as coisas de Deus.[10]

Então, por que ler a Bíblia em dupla com outra pessoa? Fazemos isso por causa de nossas convicções sobre o poder da palavra de Deus. Quando as pessoas são expostas à palavra, encontram a salvação em Cristo, são santificadas na fé, são treinadas para um ministério eficaz e encontram comunhão em uma rede de relacionamentos diferentes de qualquer outro que o mundo possa oferecer.

---

10 Ed Stetzer, *How Unbelievers View the Church*, no programa de rádio *The Albert Mohler Program*, 30/7/2009. Para mais informações, consulte o livro de Stetzer (em coautoria com Richie Stanley e Jason Hayes): *Lost and found: The Younger Unchurched and The Churches that Reach Them* (Nashville: B&H Publishing Group, 2009).

Capítulo 3
PARA QUEM SERVE?

Antes de nos aprofundarmos na ideia de ler a Bíblia em dupla e em como isso pode ser feito, é importante entender para quem serve. É mais provável que o incentivador da leitura em dupla seja um cristão comprometido, enquanto o outro indivíduo esteja em um dos seguintes três estágios da vida. Já consideramos André, Norma e Júlio. Eles representam estes três estágios na vida de um cristão:

I) antes de se tornar cristão;
II) logo após se tornar cristão;
III) na condição de um cristão pronto a liderar ou servir.

Então, a pergunta seguinte é: você conhece pessoas nesses estágios? Em outras palavras, você conhece pessoas como André, Norma e Júlio?

Não cristãos

Uma pessoa que pode beneficiar-se da leitura da Bíblia em dupla é alguém como André — alguém que não tem um relacionamento com Jesus Cristo. De fato, dos três estágios da vida levados em consideração, este talvez seja o mais estratégico. Ler a Bíblia em dupla com alguém nesse momento de vida o ajudará a ter uma compreensão genuína da mensagem do evangelho e talvez até mesmo a assumir um compromisso pessoal com Jesus Cristo.

Novos cristãos

A leitura em dupla também é um bom projeto a ser desenvolvido com alguém como Norma. Novos cristãos precisam de acompanhamento pessoal para crescer em sua nova fé. Esse tempo passado junto com outra pessoa pode ajudar um novo cristão a desenvolver, por toda a vida, o hábito de estudar a Bíblia pessoalmente, de ter responsabilidade nesse sentido, auxiliando-o a desenvolver a disciplina necessária e instilando nele as habilidades e a confiança necessárias para ler e entender as Escrituras por conta própria.

Cristãos já estabelecidos e prontos para o treinamento

Ler em dupla também é útil para pessoas como Júlio — cristãos comprometidos que precisam ser treinados para exercer o ministério, a fazer mais do que apenas preencher lacunas, quando solicitados, nos programas de suas igrejas. Se todo ministério na igreja deve basear-se na Palavra, treinar alguém que possa assumir essa liderança não apenas representará um grande incentivo para essa pessoa, como também será uma forma eficaz de multiplicar líderes capazes de contribuir mais para o evangelho.

Categoria	Necessidade	Exemplo	Algumas pessoas que você conhece
Não cristãos	Salvação	André	
Novos Cristãos	Santificação	Norma	
Cristãos já estabelecidos	Treinamento	Júlio	

Quero encorajar você a anotar o nome de algumas pessoas conhecidas que estariam aptas a considerar o convite para iniciar uma leitura em dupla. Em seguida, comece a orar por essa oportunidade.

Capítulo 4
COMO COMEÇAR?

Agora que você já leu um pouco sobre o que é a leitura bíblica em dupla, por que pode ser útil e para quem serve, talvez esteja perguntando a si mesmo de que forma seria possível começar. O primeiro passo, como em qualquer empreendimento relacionado à obra do evangelho, é a oração.

1. Orar

Quando Deus escolhe revelar-se às pessoas, na maioria das vezes isso ocorre logo após um período de oração. Lucas deixa isso especialmente claro em seu evangelho. As multidões curiosas, mas ainda descrentes, foram informadas, pela primeira vez, de que Jesus era o "Filho amado" de Deus no momento em que

Jesus estava "a orar".[11] Seus novos seguidores foram chamados até ele na manhã seguinte ao dia em que ele "retirou-se para o monte, a fim de orar, e passou a noite orando a Deus".[12] Além disso, as pessoas que Jesus estava treinando para desempenhar papéis mais relevantes no serviço do evangelho — Pedro, Tiago e João — tiveram um vislumbre de toda a sua glória no momento em que Jesus os chamou à parte, "com o propósito de orar".[13]

Essas são verdades que não devemos esquecer. O evangelista Lucas não quer que deixemos escapar o fato de que a oração é o instrumento que Deus usa para nos preparar para sua revelação. Evidenciando a importância desse primeiro passo da oração de outra maneira, temos, como consequência da oração, o fato de que as pessoas reconhecerão Jesus por quem ele é, aprenderão o que é ser seu discípulo e estarão preparadas para servir bem a ele.

Você se lembra do momento, no evangelho de Lucas, em que Pedro começou a compreender realmente que Jesus era o Cristo? Jesus perguntou: "quem dizeis que eu sou?", ao que Pedro respondeu: "És o Cristo de Deus". Mas veja bem: esse célebre encontro começou

---

11 Lucas 3.21-22.
12 Lucas 6.12-16.
13 Lucas 9.28-36.

com as seguintes palavras, as quais, muitas vezes, são esquecidas: "Estando ele orando à parte, achavam-se presentes os discípulos, a quem perguntou".[14] Embora Deus salve as pessoas por meio de sua palavra e embora ele fortaleça seu povo na fé por meio dessa mesma palavra — até mesmo a ponto de nos treinar por ela para exercer um ministério frutífero —, ainda assim, ele se revela como resultado da oração. Quase seria possível argumentar que, no evangelho de Lucas, sempre que o evangelho cria raízes e cresce, isso acontece no solo da oração.

Se você quiser ver pessoas como André crendo em Cristo e outras como Norma e Júlio nutridas e treinadas para levar uma vida de serviço a Cristo, então deve começar pela oração. Comece orando para que Deus o leve até alguém a quem ele já esteja desejando revelar mais de si mesmo. Você pode ter certeza de que essas pessoas existem, pois Jesus já nos disse que os campos "já branquejam para a ceifa".[15] Certamente, haverá alguém em sua esfera de relacionamento que sabe que você é cristão — alguém que possa estar interessado em ler a Bíblia com você. Comece pedindo a Deus que o leve até essa pessoa.

---

14 Lucas 9.18-20.
15 João 4.35.

2. Convidar

O segundo passo para ler a Bíblia em dupla é, ao mesmo tempo, o mais simples e também, provavelmente, o mais difícil. Quando você já souber quem deseja convidar, é preciso tomar a iniciativa. E isso requer alguma ousadia.

Eis uma forma simples e gentil de fazê-lo: "Você gostaria de ler a Bíblia comigo por algumas semanas?". Mas lembre-se de que, embora perguntar isso possa ser algo que lhe gere algum receio, pode não soar assustador para seu amigo ou familiar. Afinal, a maioria das pessoas se sente mais ameaçada quando é convidada a participar de um culto ou de um programa na igreja, eventos nos quais muita gente pode estar presente, inclusive pessoas desconhecidas. Ler em dupla é uma maneira mais pessoal de apresentar alguém à Bíblia. Se a pessoa que você está convidando já é cristã, é possível acrescentar algo como: "Imagino que isso nos daria a chance de nos aproximar e aprender com a palavra de Deus".

De fato, o maior obstáculo para convidar alguém a ler em dupla é uma visão não bíblica de que você não está preparado para isso. Você pode dizer a si mesmo que não foi treinado adequadamente ou que não conhece a Bíblia o suficiente para ajudar alguém ao longo desse caminho. De fato, você pode até tentar se convencer de que alguém deveria começar a ler a Bíblia com você, em vez de você começar com outra pessoa. É um pensamento tentador.

Mas também não é verdadeiro.

Qualquer cristão comprometido é capaz de iniciar uma boa conversa sobre um texto bíblico. Na realidade, seus medos nessa área de trabalho pessoal apontam para duas mentiras ao estilo do aprendiz de diabo Fitafuso —[16] mentiras às quais todo cristão deve resistir. A primeira é que o crescimento do evangelho depende de nós e de nossas habilidades. Isso simplesmente não é verdade. Nossa proficiência na Bíblia não é o árbitro final para assistirmos ao crescimento espiritual. O Espírito Santo pode usar — e usa — pessoas tímidas como nós. A segunda mentira contra a qual lutamos é a descrença — descrença no poder da palavra de Deus. Precisamos ser lembrados de que Deus faz a própria obra à sua maneira, e é a palavra dele que realiza tudo o que ele deseja no mundo.

Tenha coragem! Convide alguém para ler a Bíblia com você. Descanse no poder do evangelho que está em sua palavra. E saiba que, no poder do Espírito e

---

16 Personagem de *Cartas de um diabo a seu aprendiz*, de C. S. Lewis [N. do T.].

através da instrumentalidade de sua palavra, Deus honrará seu compromisso de discutir com alguém a mensagem do evangelho.

3. Planejar o encontro

Em terceiro lugar, depois que seu amigo ou parente aceitar seu convite para ler a Bíblia com você, marque um encontro para começar. Não se esqueça da estatística encorajadora de que, hoje, 61% dos jovens que não frequentam igrejas aceitariam essa ideia.

Capítulo 5
COMO É UMA REUNIÃO TÍPICA?

De certa maneira, não existe uma reunião típica de leitura bíblica em dupla. Estamos todos em diferentes estágios de crescimento e abordaremos as passagens da Bíblia com nossas próprias indagações, histórias e contextos. No entanto, a maioria das reuniões de leitura bíblica seguirá um padrão mais amplo, como veremos a seguir.

Oração e leitura

Depois de pedir a Deus para ajudá-lo a compreender o texto a ser lido durante a reunião, comecem lendo a passagem da Bíblia juntos, em voz alta. Isso influenciará o local do encontro — algumas vezes, isso pode ser feito, de forma eficaz, em um restaurante, mas nem sempre. Talvez um escritório ou uma sala de estar sejam lugares melhores.

É melhor ler o texto em voz alta, juntos e alternadamente, cada um lendo alguns versículos. Se o texto da semana for especialmente longo, vocês podem ler apenas uma parte antes de começar.

Conversar

É muito importante empregar a arte do diálogo aos textos bíblicos. Nada aniquila a leitura em dupla mais rapidamente do que quando um dos dois parceiros monopoliza o tempo dissertando sobre o texto (ou, pior, sobre algo diferente do texto). O remédio, claro, é ser um ouvinte tão bom quanto ser um bom falante. Seu parceiro de leitura não será desafiado ou ajudado se você falar *para* ele em vez de *com* ele. Você não pode coagir seu parceiro de leitura a dar as respostas certas, especialmente se ele estiver em dúvida. É normal ter dúvida. Você pode ser um guia melhor na discussão se ouvir e reconhecer as dúvidas, em vez de ignorá-las ou simplesmente impor suas próprias observações.

Como auxílio, lembre-se de que perguntas e afirmações em aberto geralmente oferecem uma boa maneira de sustentar a discussão. As quatro palavras mais importantes em uma discussão sobre a Bíblia são, em geral: "*O que você acha?*" (para algumas sugestões e estruturas simples que facilitam a discussão em conjunto do texto, veja a Parte 2).

Além disso, não sinta medo de *não* ter todas as respostas. Não apenas é possível, como também muito provável, que, durante a discussão, haja uma ou duas perguntas às quais você não sabe responder. Não tenha vergonha nem tente inventar uma resposta na hora para resolver a tensão. Se a pergunta for realmente importante para o entendimento mútuo da passagem, guarde-a para discutir em uma reunião futura. Você sempre pode consultar guias de estudo, comentários e até mesmo seu pastor entre as reuniões para entender melhor as questões difíceis. No entanto, uma das maiores virtudes de ler a Bíblia em dupla é que isso permite que as pessoas descubram a fé em Jesus Cristo por si mesmas, e dar respostas simplistas a perguntas difíceis não as ajuda a fazer isso.

Segue mais um conselho para você no planejamento dessas reuniões. Lembre-se de nunca se sentir tão inclinado a afirmar um ponto específico ou a alcançar um resultado específico a ponto de perder o enriquecimento que advém da alegria da amizade, do apoio e do incentivo mútuo. Confie no fato de que Deus está trabalhando. (Obviamente, o perigo oposto também deve ser mencionado — passar tanto tempo conversando e compartilhando experiências sobre a vida em geral que reste pouco tempo para realmente ler a Bíblia!)

Aplicar a passagem à vida cotidiana

A aplicação é importante. Passe algum tempo discutindo com seu parceiro(a) de leitura de que forma o que vocês leram e discutiram sobre o texto pode aplicar-se à vida em geral. Não deveria surpreender que a intenção de Deus ao falar por meio de sua palavra é mudar a vida das pessoas para melhor. Ao meditarmos na palavra de Deus, o Espírito Santo aplica a passagem em nossas vidas — incentivando-nos e também revelando ações e comportamentos pecaminosos. À medida que vamos conhecendo melhor a Deus, também vamos nos conhecendo mais verdadeiramente.

Uma coisa prática que deve ser lembrada a esse respeito é que boas aplicações sempre devem surgir do texto ou do contexto. Não devemos tentar aplicar a Bíblia de forma inconsistente com o próprio texto. Ou seja, a maior parte das passagens realmente gera as aplicações que Deus deseja. Por exemplo, considere Hebreus 10.19-25. O autor passa os três primeiros versículos fazendo exposição de fatos. Mas, no versículo 22, tudo muda. O autor deixa de fazer a exposição de fatos e passa a dar ordens que devem ser aplicadas a esses fatos (nesse caso, *por causa* desses fatos). Esse padrão não é exclusivo de Hebreus. Aparece em toda a Bíblia e, dessa maneira, nos oferece uma ótima estratégia para aplicar o significado do texto.

Esteja atento a esses tipos de comando, bem como às formas como as personagens de uma passagem estão aplicando a Palavra quando ela é recebida. Como é sugerido em 2 Timóteo 3.16, a aplicação de uma passagem pode servir para treinar ou preparar uma pessoa em retidão para o bem ou pode fornecer correção e repreensão quando isso se mostrar necessário. Ao mesmo tempo, tome cuidado para não aplicar de maneira superficial qualquer comando dado na Bíblia. A maior parte dos comandos exigirá a compreensão do contexto — a exposição de fatos cercando os comandos.

Orar

Conclua orando novamente — agora com base na passagem que foi lida. Permita que suas ações de graças e seus pedidos de oração brotem do que vocês leram e de como isso se aplica às suas vidas.

Confirmar a agenda do próximo encontro

Talvez não seja preciso dizer isso, mas cada reunião de leitura deve terminar com a confirmação do próximo momento de encontro.

O funcionamento desses vários elementos dependerá de diversos fatores:

- Quanto tempo vocês têm para se reunir;
- Se você já conhece bem a outra pessoa (talvez seja necessário separar mais tempo apenas para conversar e travar conhecimento);
- Se a pessoa não é cristã (isso pode alterar a maneira como você ora, por exemplo, antes e depois; em verdade, você pode até decidir não orar se achar que isso será muito desconcertante para seu amigo);
- O nível de maturidade cristã de seu parceiro de leitura (isso influenciará quais partes da Bíblia você abordará e com que profundidade).

A primeira reunião

Independentemente do padrão que surja em sua parceria de leitura bíblica, sua primeira reunião provavelmente será um pouco diferente das demais.

- Se vocês não se conhecem bem, talvez seja necessário dedicar algum tempo apenas para que se conheçam melhor.
- Talvez vocês tenham de decidir juntos qual livro da Bíblia será lido.
- Vale a pena dedicar alguns minutos para conferir suas agendas e marcar os três ou quatro primeiros encontros. Certifiquem-se de definir um padrão regular e realista.
- Se vocês ainda não o fizeram, precisarão definir a duração de sua parceria de leitura. Em muitos casos, é bom estabelecer um prazo inicial para sua parceria de leitura — por exemplo, seis semanas, três meses ou seis meses —, para que nenhum de vocês se sinta ligado indefinidamente a um compromisso. Vocês sempre podem optar por, mais tarde, estender esse prazo, caso assim o desejem.
- Também vale a pena garantir que seu parceiro de leitura compreenda claramente *o que* vocês estão fazendo juntos, para que vocês tenham um entendimento compartilhado do que esperar e de como se preparar (se você vai se preparar, veja a seguir). Até amigos não cristãos se beneficiam de saber *por que* estamos lendo a Bíblia em vez de outro livro, e muitas vezes ajuda o fato de saberem que

o mundo está cheio de gente (como, por exemplo, André) que também está apenas explorando o significado da pessoa e da obra de Jesus.

Depois de tomar todas essas providências em sua primeira reunião, talvez não reste tempo para muita leitura da Bíblia!

Capítulo 6
PREPARAÇÃO

Sua parceria de leitura bíblica deve consistir em simplesmente se reunir, ler a Bíblia e discuti-la, ou cada um de vocês deve fazer alguma preparação prévia?

Existem vantagens reais em cada uma dessas abordagens.

Quando ambos os parceiros de leitura bíblica leem a passagem com antecedência, obviamente isso maximiza a eficácia de sua discussão juntos. Vocês já trazem ideias e perguntas na mente, e não estão se familiarizando com a passagem em questão a partir do zero. Isso pode ser particularmente valioso no caso de um (ou ambos) ser principiante na leitura da Bíblia e estiver sem confiança na própria capacidade.

Alguns guias de leitura bíblica em dupla já prontos são projetados especificamente para leitores previamente preparados e funcionam melhor quando usados dessa maneira.

No entanto, também existem algumas vantagens em *não* preparar a passagem com antecedência. Isso informa, com muita clareza, o que está acontecendo em sua parceria — ou seja, vocês estão simplesmente se reunindo para ler a Bíblia e se encorajar a partir dela. Não é uma sessão de ensino (que exige preparação e estudo minuciosos), mas simplesmente uma oportunidade de se nutrirem juntos pela palavra de Deus. E, já que confiamos que a palavra de Deus é clara, compreensível e relevante para nós, não é como se *tivéssemos* de fazer muita preparação e estudar muito para compreendê-la. Podemos simplesmente ler juntos e ouvir Deus falar.

Além disso, quando vocês não se preparam, os dois estão começando do mesmo ponto — já que é bastante comum um parceiro se preparar de forma mais aprofundada que o outro (ou mesmo um parceiro não conseguir se preparar).

Em termos práticos, a decisão sobre preparar-se ou não está relacionada a fatores como:

- Se você e/ou sua dupla são o tipo de pessoa que prefere preparar-se e refletir antecipadamente;

+ Que nível de experiência você e/ou sua dupla têm na leitura da Bíblia;
+ Se vocês estão usando um guia de leitura que funciona melhor com alguma preparação.

Isso é algo que serve para a discussão e a definição de expectativas em sua primeira reunião.

Como se preparar

Se vocês vão se preparar de alguma forma, estabeleçam quanto tempo investirão nisso (em geral, trinta a sessenta minutos, em média, são suficientes). A preparação dependerá do tipo de abordagem ou de método que vocês vão adotar para ler juntos (por exemplo, se vocês estiverem usando recursos publicados ou alguma outra estrutura de leitura, como o método sueco ou o método COMA; consulte a Parte 2). Mas, em geral, vocês podem acompanhar o seguinte tipo de padrão ao se preparar:

1. Orem por compreensão e para que Deus use essas reuniões para aumentar sua fé mútua no poder do evangelho.
2. Leiam a parte selecionada da Bíblia pelo menos duas vezes.

3. Anotem suas impressões depois de ler o texto a cada vez — observações, principais pontos, eventuais perguntas (dependendo do tipo de estrutura que estiverem adotando).
4. Orem com base no que leram, e orem novamente por sua próxima reunião.

Capítulo 7
UMA EXPERIÊNCIA PESSOAL

Quando eu morava em Chicago, conheci um homem trabalhador e muito bem-educado, mas que nunca havia encontrado o evangelho. Ao longo do tempo, à medida que fomos nos aproximando mais, passamos a conversar sobre coisas espirituais. Ele começou a frequentar a igreja em algumas ocasiões, e até se ofereceu para me ajudar com a logística de um novo ministério que nossa igreja planejava iniciar. Meu amigo permaneceu fiel nessa tarefa por muitos meses. Passado um ano, perguntei se ele tinha algum interesse em ler a Bíblia em dupla comigo. Embora, a princípio, ele tenha hesitado, concordou em se encontrar comigo para conversar a respeito dessa ideia.

Depois de ler o que, na época, era um esboço deste livro, meu amigo decidiu tentar. Nos três meses seguintes, nós lemos juntos o Evangelho de Marcos no canto da cafeteria de uma livraria local, a Barnes and Noble, que ficava perto de seu escritório. Ele sempre carregava a Bíblia em um envelope comum — suponho que para evitar o constrangimento de ser visto com uma Bíblia.

Meu amigo é um cientista qualificado de uma universidade local. No começo, era difícil manter a discussão sobre o texto que estava diante de nós. Ele costumava vagar pelas águas turvas da relação entre ciência e fé. Mas, com o tempo, a natureza de suas perguntas começou a mudar. Ele já não estava mais preocupado com o fato de ser capaz ou não de continuar a ser um cientista, caso se tornasse cristão. Em vez disso, começou a se questionar sobre o que fazer em relação à autoridade de Jesus para perdoar pecados e acertar o relacionamento do homem com Deus. Por semanas a fio, pensei que ele estava perto de se tornar cristão, mas ele ainda hesitava. Então, em determinada semana, tudo ocorreu naturalmente. Ele entregou sua vida a Cristo e, algumas semanas depois, eu tive o privilégio de batizá-lo na fé cristã.

O que fez a diferença em sua vida?

Foi um evento preparado para "ganhá-lo" para Jesus? Não, realmente não foi isso. Tampouco foi um programa ou um curso. Foi algo mais orgânico, mais relacional. Demorou mais de um ano, mas meu amigo se tornou cristão. Foi o poder do Espírito Santo, unindo o coração desse homem à verdade do evangelho encontrada na palavra de Deus, no contexto de um relacionamento simples, no qual nos entregávamos à leitura em dupla.

É minha sincera convicção que esse tipo de história se repetirá constantemente para Andrés, Normas e Júlios em todo o mundo, à medida que, cada vez mais, os cristãos passem a se dedicar a esse trabalho pessoal de testemunho do evangelho.

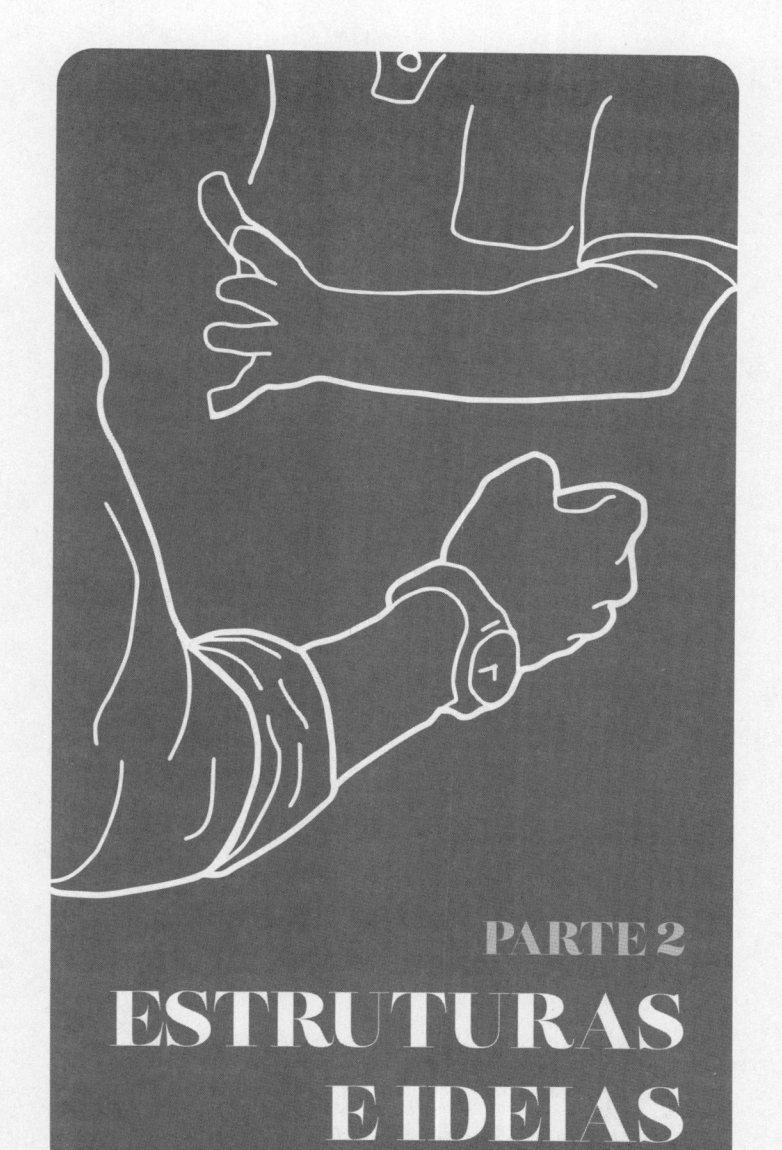

PARTE 2
ESTRUTURAS E IDEIAS

Sou grato pela ajuda de Tony Payne na compilação dessa seleção de estruturas e ideias.

Em certa medida, se você sabe ler, então sabe ler a Bíblia. A Bíblia não é um livro mágico, ou um livro que usa a linguagem de uma maneira completamente diferente de todos os outros livros do mundo. Todos os "métodos" normais que usamos para ler coisas todos os dias são os mesmos que usamos para ler a Bíblia: observar o contexto do que estamos lendo, observar as palavras e frases (e o que dizem), chegar a uma conclusão sobre o significado geral e, em seguida, levar em conta as implicações que isso pode ter em nossas vidas.

Costumamos fazer isso naturalmente e sem pensar quando lemos um artigo de jornal, um blog, um romance ou um relatório de negócios. Algumas vezes, no entanto, deixamos, inconscientemente, de lado essas competências básicas de leitura quando lemos a Bíblia; talvez por reverência, talvez por acreditarmos que a Bíblia está em uma categoria diferente de literatura, não se sujeitando, assim, às convenções normais da leitura.

É claro, porém, que a Bíblia é um livro bem diferente. Seu autor é o próprio Deus, e seu conteúdo é absolutamente único. Não obstante, Deus escolheu comunicar-nos sua verdade divina em linguagem humana, e suas palavras estão escritas em um livro que usa recursos e convenções de linguagem iguais a qualquer outro livro.

Isso significa que há um sentido bastante real segundo o qual as ideias listadas nas próximas páginas mostram-se desnecessárias. Nossa esperança e nossa oração são para que se revelem úteis a você, tornando mais fácil dar início à leitura da Bíblia em dupla. No entanto, não queremos sugerir que qualquer uma delas consista em uma espécie de chave mágica para desvendar a mensagem da Bíblia. A única chave necessária para se entender a Bíblia é aproximar-se dela com um coração humilde e contrito, quebrantado pelo Espírito Santo, pronto para ouvir o que Deus diz e também para obedecer a ele.

As ideias a seguir se enquadram em quatro grupos:

1. Dois métodos simples para a leitura da Bíblia
2. Livros da Bíblia para diferentes situações
3. Ajuda para a leitura de diferentes gêneros bíblicos
4. Oito semanas com o Evangelho de Marcos

Capítulo 8
DOIS MÉTODOS SIMPLES PARA A LEITURA DA BÍBLIA

Muitas pessoas têm considerado bastante úteis à leitura da Bíblia os dois métodos ou estruturas apresentados a seguir, especialmente para iniciar a leitura. Quando você é novo na leitura da Bíblia em dupla, recorrer a um desses métodos geralmente o ajuda a entender o texto e começar a extrair suas riquezas.

1. O método sueco
Essa é uma estrutura muito simples, composta de pequenos passos, destinada a pessoas que se sentem inseguras sobre a própria capacidade de começar a

fazer uma leitura bíblica em dupla. Você pode começar com essa abordagem (talvez por um tempo) e, então, passar para o método COMA (veja a seguir), que é mais substancial, quando se sentir um pouco mais confiante.

Essa maneira simples de ler a Bíblia foi aparentemente popularizada por Ada Lum, uma funcionária da International Fellowship of Evangelical Students. Ela nomeou o método em alusão ao local onde ela viu um grupo de estudantes suecos usando-o pela primeira vez. Funciona assim:

1. Leiam a passagem em voz alta.
2. Então, cada parceiro de leitura lê a passagem por conta própria, em busca de três coisas:

   Uma lâmpada: qualquer coisa que brilhe na passagem e chame a atenção; pode ser algo importante, ou algo que impressiona particularmente o leitor.

   Um ponto de interrogação: qualquer coisa de difícil entendimento; algo que o leitor gostaria de poder perguntar ao autor.

   Uma seta: qualquer coisa que se aplique pessoalmente à vida do leitor.

3. Cada pessoa deve anotar pelo menos um item e não mais de três em cada categoria. Se você se prepara para sua reunião em dupla com antecedência, então isso constitui a preparação. Cada pessoa deve chegar à reunião com pelo menos uma lâmpada, um ponto de interrogação e uma seta extraídos da passagem em questão. Se você não se prepara com antecedência, será necessário certo tempo para cada um reler a passagem e anotar sua lâmpada, seu ponto de interrogação e sua seta. Você precisará conceder cerca de cinco a dez minutos para isso, dependendo da extensão da passagem.
4. Cada um compartilha sua(s) lâmpada(s) e discute.
5. Cada um compartilha seu(s) ponto(s) de interrogação e, em seguida, faz o seu melhor para extrair as respostas da passagem (embora não importe se vocês não conseguirem encontrar uma resposta).
6. Cada um compartilha suas setas e as discute.
7. Orem juntos sobre o que aprenderam.

À medida que você vai adquirindo confiança e crescendo em familiaridade com a Bíblia, pode expandir o leque de coisas a procurar ou a considerar ao ler uma passagem. Por exemplo, você pode procurar a ideia central da passagem (usando um símbolo de coração); ou talvez anotar os nomes das pessoas que poderiam obter algum benefício caso você compartilhasse com elas o que aprendeu (usando um símbolo de balão de fala), com o objetivo de conversar com essas pessoas antes da reunião seguinte. Cabe a você decidir quanto à variação e à expansão do método básico.

A grande força do método sueco é sua simplicidade. É uma forma bastante eficaz de começar a ler a Bíblia juntos, especialmente com pessoas que são novatas com a Bíblia ou que não confiam em sua capacidade de ler esse livro sagrado por si mesmas.

2. O método COMA

À medida que você vai-se tornando mais experiente na leitura da Bíblia, ou se estiver se encontrando com alguém que já é um cristão razoavelmente firme, sem dúvida descobrirá que deseja avançar um pouco mais na compreensão das passagens estudadas. O método COMA é uma excelente ferramenta para a leitura da Bíblia em dupla, tanto por sua flexibilidade como pelo fato de ajudar as pessoas a integrar sua leitura bíblica pessoal ao quadro maior da Bíblia — o desenrolar da história do governo salvador de Jesus Cristo. Como resultado, esse método ajuda as pessoas a evitar armadilhas comuns na compreensão da Bíblia. E, embora seja muito mais substancial do que o método sueco, o método COMA ainda pode ser empregado facilmente por pessoas que não estão acostumadas a olhar para um texto bíblico com profundidade.

COMA significa:

Contexto
Observação
Mensagem
Aplicação

Esse é, de fato, um resumo de como lemos qualquer coisa. Mesmo quando pegamos um artigo de jornal, notamos que tipo de coisa estamos lendo e como se encaixa com outras coisas à sua volta (contexto); lemos as palavras, as frases e os parágrafos, tomando nota dos principais eventos, pessoas e de seu conteúdo (observação); integramos o que observamos em nossas cabeças e formamos uma conclusão acerca do que o autor está tentando dizer (mensagem); em seguida, refletimos se a mensagem do autor tem alguma relevância para nossas vidas (aplicação).

Pode ser muito útil seguir o processo COMA, de forma consciente, quando lemos a Bíblia, porque nos encoraja a fazer boas perguntas sobre o texto e a compreendê-lo clara e profundamente. Quando estamos lendo em dupla, também se revela muito útil para o direcionamento da conversa. Vocês podem percorrer os quatro passos juntos e chegar a algumas conclusões, em vez de ficar andando em círculos, com muitos pensamentos ou observações aleatórias diferentes.

Uma reunião de leitura da Bíblia em dupla de acordo com o método COMA seria assim:

1. Leiam a passagem em voz alta.
2. Façam algumas perguntas sobre o **contexto** dessa passagem:
   + Que tipo de escrito é esse (uma carta, uma narrativa, um poema)?
   + Há alguma pista sobre as circunstâncias que cercaram sua escrita?
   + O que aconteceu até agora?
3. Façam algumas perguntas de **observação** relativas ao texto:
   + Há alguma subseção ou quebra importante no texto?
   + Qual é o ponto principal (ou os pontos)?
   + Quais surpresas se fazem presentes?

- Quais são as palavras-chave?
- Quais palavras ou ideias se apresentam repetidas?
4. Façam algumas perguntas sobre a **mensagem** do texto:
    - Como esse texto se relaciona com outras partes do livro?
    - Como a passagem se relaciona com Jesus?
    - O que o texto nos ensina sobre Deus?
    - Como podemos resumir o significado dessa passagem com nossas próprias palavras?
5. Façam algumas perguntas de **aplicação** do texto:
    - Como essa passagem desafia (ou confirma) meu entendimento?
    - Há alguma atitude que preciso mudar?
    - Como essa passagem me conclama a mudar a maneira como vivo?
6. Orem juntos sobre o que aprenderam.

Se você se prepara para as reuniões em dupla, essas quatro categorias de pergunta estabelecem a estrutura para sua preparação. Cada pessoa se prepara para chegar à reunião com algo anotado em cada categoria: contexto, observação, mensagem e aplicação.

Uma das forças reais da abordagem COMA para a leitura da Bíblia é que ela é facilmente aplicável aos muitos gêneros diferentes de literatura que encontramos na Bíblia: evangelhos, cartas, narrativas, poesia, profecia, provérbios e assim por diante. Para obter ajuda com a adaptação das perguntas do COMA para cada um dos principais gêneros literários que encontramos na Bíblia, veja o capítulo 10: "Ajuda para a leitura de diferentes gêneros bíblicos".

Capítulo 9
LIVROS DA BÍBLIA PARA DIFERENTES SITUAÇÕES

A BÍBLIA INTEIRA É A PALAVRA DE DEUS, e toda ela é útil para "o ensino, para a repreensão, para a correção, para a educação na justiça", como diz Paulo.[17] De certo modo, então, você pode ler qualquer parte da Bíblia com alguém e se beneficiar bastante com essa experiência. Contudo, algumas partes das Escrituras são particularmente adequadas à leitura com diferentes tipos de pessoas.

---

17 2 Timóteo 3.16.

1. Sugestões para a leitura na companhia de não cristãos

a. Qualquer evangelho

O Evangelho de Marcos é o mais curto e direto dos quatro evangelhos e é o favorito de muitos para ler com pessoas que são completamente novas no cristianismo ou na Bíblia. Você pode ler o Evangelho de Marcos adotando os métodos sueco ou COMA, em cerca de vinte encontros, e usando as seções listadas a seguir. (Para um conjunto modificado de perguntas COMA, especialmente para os Evangelhos, consulte o ponto 1 no Capítulo 10: "Ajuda para a leitura de diferentes gêneros bíblicos".)

1. Mc 1.1-15
2. Mc 1.16–2.12
3. Mc 2.13–3.6
4. Mc 3.7-35
5. Mc 4.1-34
6. Mc 4.35–5.43
7. Mc 6
8. Mc 7
9. Mc 8.1-21
10. Mc 8.22–9.1
11. Mc 9.2-50
12. Mc 10.1-31
13. Mc 10.32–52
14. Mc 11.1–25
15. Mc 11.27–12.44
16. Mc 13
17. Mc 14.1-52
18. Mc 14.53-72
19. Mc 15.1-41
20. Mc 15.42–16.8

Para uma passagem mais breve pelo Evangelho de Marcos, consulte o Capítulo 11: "Oito semanas com o Evangelho de Marcos". Esse conjunto de leituras examina as principais passagens de Marcos e oferece algumas questões simples para nortear a discussão.

b. Gênesis 1-12

Os capítulos iniciais da Bíblia são fundamentais para tudo o que vem depois e se revelam excelentes para iniciar as pessoas nos grandes temas da Bíblia.

Em Gênesis, lemos sobre Deus trazendo todas as coisas à existência *pela palavra*. Tudo o que vemos existe por sua palavra, por seu propósito e sob seu governo. O clímax, a coroa de sua criação, é o ser humano. Mas Gênesis também nos diz como esses seres criados, desde os dias de seus primeiros pais, rejeitaram o próprio Deus que os criou. No entanto, embora essa rejeição traga o julgamento de um Deus santo — a expulsão do paraíso, o dilúvio na terra e a dispersão em Babel —, o livro de Gênesis é uma história da graça e da promessa persistentes de Deus aos seres humanos, culminando na promessa de Deus abençoar *incondicionalmente* o homem

Abraão e seus descendentes. Deus nunca quebrou essa promessa, que é finalmente cumprida e agora estendida a todos na pessoa de Jesus Cristo.

Aqui está um percurso sugerido em Gênesis 1–12 em oito reuniões:

1. Gn 1.1–2.3   Deus cria todas as coisas por sua palavra
2. Gn 2.4–25   Os primeiros humanos: a obra-prima de seu Criador
3. Gn 3   Os primeiros humanos se rebelam contra o governo de seu Criador
4. Gn 4–5   A rebelião se espalha
5. Gn 6–7   Deus julga o pecado e preserva um homem justo
6. Gn 8–9   Deus salva e faz promessas
7. Gn 11   Rejeição e dispersão
8. Gn 12   Uma promessa incondicional de bênção

(Para um conjunto modificado de perguntas COMA, especialmente para narrativas do Antigo Testamento, como Gênesis, consulte o ponto 2 do Capítulo 10: "Ajuda para a leitura de diferentes gêneros bíblicos".)

2. Sugestões para ler com novos cristãos

Se você está se reunindo com alguém que acaba de se tornar cristão ou é bastante jovem na fé, as cartas do Novo Testamento são um excelente lugar para começar suas leituras em dupla, inclusive porque muitas foram escritas para pessoas que não eram cristãs há muito tempo.

Colossenses, por exemplo, é um livrinho brilhante sobre o que significa tornar-se cristão e continuar a viver e crescer como cristão. Tente ler Colossenses por nove semanas da seguinte maneira:

1. Cl 1.1-14
2. Cl 1.15-23
3. Cl 1.24–2.5
4. Cl 2.6-15
5. Cl 2.16-23
6. Cl 3.1-4
7. Cl 3.5-17
8. Cl 3.18–4.1
9. Cl 4.2-18

Outras excelentes cartas do Novo Testamento para serem lidas com jovens ou novos cristãos incluem Filipenses, Tito e 1 João.

(Para um conjunto modificado de perguntas COMA, especialmente para cartas do Novo Testamento como Colossenses, consulte o ponto 3 no Capítulo 10: "Ajuda para a leitura de diferentes gêneros bíblicos".)

3. Sugestões para ler com cristãos firmes na fé

a. Romanos

Em algum momento da vida cristã, todos devem beber abundantemente do livro de Romanos. É uma coisa excelente a ser feita em dupla com um irmão ou irmã em Cristo.

Aqui está, por exemplo, uma sugestão de divisão de Romanos 5 a 8 que você pode fazer em oito semanas:

1. Rm 5.1-11   Reconciliação com Deus
2. Rm 5.12-21 Do reino do pecado para a vida em Cristo
3. Rm 6.1-14   Livres do pecado
4. Rm 6.15-23 Tornados escravos de Deus
5. Rm 7.1-6   Mortos para a lei
6. Rm 7.7-25   A função da lei
7. Rm 8.1-17   Vida no Espírito
8. Rm 8.18-39 O destino futuro em Cristo

b. Salmos

O que chamamos de "livro" dos Salmos é, de fato, composto de cinco coleções ou livros de salmos. O plano de leitura a seguir inclui seleções provenientes de cada coleção distinta de salmos, com a intenção de fornecer uma "amostra" abrangente do todo.

Quando alguém lê o livro dos Salmos, é inevitável ser levado a um grande louvor ao Deus glorioso que fez todas as partes da criação. Em outros momentos, você será levado a lutar, junto com o salmista, em questões de sofrimento, morte ou a aparente prosperidade dos maus nesta era. Em tudo isso, você redescobrirá e crescerá em sua compreensão de um livro que registra as canções do povo de Deus, correndo para ele em toda e qualquer situação.

Aqui está um cronograma de leitura sugerida para os Salmos:

1. Sl 1   Árvores e palha
2. Sl 2   O julgamento do Filho
3. Sl 42   Uma alma abatida se volta para Deus
4. Sl 46   Deus, a fortaleza
5. Sl 73   Perspectiva sobre o fim dos ímpios
6. Sl 74   Deus, defenda sua causa
7. Sl 90   Uma morada para as criaturas finitas
8. Sl 91   A proteção no abrigo de Deus
9. Sl 107   Uma história de amor inabalável
10. Sl 110 O rei vindouro
11. Sl 121 Deus, nosso guardião
12. Sl 148 Uma litania de louvor

(Para um conjunto modificado de perguntas COMA, especialmente para os Salmos, consulte o ponto 4 no Capítulo 10: "Ajuda para a leitura de diferentes gêneros bíblicos".)

c. Miqueias

Miqueias é um livro de profecia — palavras ditas por um homem que atuou como porta-voz de Deus ao povo de Deus. O esboço básico do livro de Miqueias pode ser encontrado em seis palavras: *julgamento agora, salvação depois, arrependimento agora*. Os três primeiros capítulos abordam o tema do julgamento. O povo e seus líderes falharam miseravelmente com Deus em idolatria, ganância, opressão e violência. O julgamento de Deus será rápido e certo. Mas os capítulos 4-5 trazem a seguinte promessa familiar: o remanescente será preservado sob o governo vindouro do rei divino, que pastoreará o povo e fará dele luz para as nações. E os dois últimos capítulos iluminam a única resposta apropriada. O profeta exige que o povo de Deus volte para ele — não com sacrifícios, mas com arrependimento verdadeiro e pesaroso. É de Deus que se diz, em 7.18: "perdoas a iniquidade e te esqueces da transgressão do restante da tua herança".

Aqui está um roteiro de leitura sugerido para Miqueias:

1. Mq 1–2   Contra Judá e Samaria
2. Mq 3   Contra os líderes de Judá
3. Mq 4   No lugar de Deus
4. Mq 5.1-6   Sob o pastoreio de Deus
5. Mq 5.7-15   Com o povo de Deus
6. Mq 6.1-5   Debatendo com o povo
7. Mq 6.9-16   Cenas de julgamento
8. Mq 6.6-8, 7.1-20 Imagens de arrependimento

(Para um conjunto modificado de perguntas COMA, especialmente para a literatura profética do Antigo Testamento, consulte o ponto 5 no Capítulo 10: "Ajuda para a leitura de diferentes gêneros bíblicos".)

Capítulo 10
AJUDA PARA A LEITURA DE DIFERENTES GÊNEROS BÍBLICOS

A Bíblia, em verdade, não é *um* livro; é uma biblioteca de 66 livros. E, como a maioria das bibliotecas, contém vários tipos diferentes de literatura. Se tentarmos ler todos eles como se fossem um mesmo tipo de literatura (como, por exemplo, uma das cartas de Paulo), rapidamente perderemos o rumo.

Aqui seguem uma introdução aos principais tipos ou gêneros de literatura bíblica e algumas dicas para a aplicação do método COMA a cada um.

1. Os Evangelhos e Atos

Os Evangelhos são os quatro relatos da vida, morte e ressurreição de Jesus, encontrados no início do Novo Testamento (Mateus, Marcos, Lucas e João). Eles cobrem individualmente algumas das mesmas partes da vida de Jesus, mas sob perspectivas um pouco diferentes, enfatizando temas distintos na história de Jesus. No sentido literário, os Evangelhos são narrativas. Eles contam uma história (uma história verdadeira) e, quando lemos essas narrativas, precisamos ter em mente como funcionam.

Aqui estão algumas perguntas COMA que são especialmente úteis aos Evangelhos e Atos:

Questões de **Contexto**:
- O que aconteceu até agora na narrativa? Há algum grande evento, personagem ou tema principal?
- O que aconteceu pouco antes da seção que você está lendo?

Questões de **Observação**:
- O que você aprendeu sobre os personagens principais nesta seção? Como o autor os descreve? Como eles descrevem a si mesmos?
- O tempo ou o local são significativos nos eventos que acontecem na passagem em foco?

- Há algum conflito ou ponto alto na passagem?
- Você acha que há um ponto ou tema principal nesta seção da história?
- Quais surpresas existem?

Questões de **Mensagem**:
- Existem comentários "editoriais" do autor sobre os eventos da narrativa? Como esses comentários lançam luz sobre o que está acontecendo?
- Alguém na narrativa aprende algo ou cresce de alguma maneira? Como? O que essa pessoa aprende?
- O que a passagem revela sobre quem é Jesus e o que ele veio fazer no mundo?
- Como você poderia resumir o significado dessa passagem com suas próprias palavras?

Questões de **Aplicação**:
- Como essa passagem desafia (ou confirma) seu entendimento?
- Há algum comportamento que você precisa mudar?
- O que essa passagem ensina sobre ser um discípulo de Jesus?

2. Narrativa do Antigo Testamento

As narrativas são a parte "histórica" do Antigo Testamento. Se você olhar para o índice de uma Bíblia em português, a narrativa do Antigo Testamento vai de Gênesis a Ester. Também chamados "livros históricos", eles narram a história do povo de Deus desde o início da criação, com seus muitos pontos altos e baixos, até sua dispersão e exílio. As passagens narrativas são muito semelhantes a outras narrativas ou histórias e, portanto, compartilham boa parte das mesmas características literárias: enredo, caracterização, cenário e coisas do gênero.

Muitas das narrativas do Antigo Testamento têm uma função específica em relação a toda a Bíblia. Elas articulam a promessa de Jesus Cristo, o salvador vindouro. Com frequência, através de tipologia ou ilustração, a narrativa do Antigo Testamento estabelece um caminho específico para um rei do povo de Deus que se sacrificará por eles e os governará em glória eterna.

Aqui estão algumas perguntas COMA especialmente adequadas às narrativas do Antigo Testamento:

Questões de **Contexto**:
- O que aconteceu até agora na narrativa? Há algum grande evento, personagem ou tema?

+ O que aconteceu pouco antes da seção que você está lendo?

Questões de **Observação**:
+ O que você aprendeu sobre os personagens principais nesta seção? Como o autor os descreve? Como eles descrevem a si mesmos?
+ O tempo ou o local são significativos nos eventos que ocorrem na passagem?
+ Há um conflito ou ponto alto na passagem?
+ Você acha que há um ponto ou tema principal nesta seção da história?
+ Quais surpresas existem?

Questões de **Mensagem**:
+ Existem comentários "editoriais" do autor sobre os eventos da narrativa? Como esses comentários lançam luz sobre o que está acontecendo?
+ Alguém na narrativa aprende algo ou cresce de alguma maneira? Como? O que essa pessoa aprende?
+ Como a passagem aponta para o que Deus fará no futuro? A passagem profetiza ou antecipa Jesus Cristo de alguma maneira?
+ Como você poderia resumir o significado dessa passagem com suas próprias palavras?

Questões de **Aplicação**:
+ Como essa passagem desafia seu entendimento sobre quem é Deus e como ele é?
+ Há alguma atitude ou comportamento que você precisa mudar?

3. Epístolas

As epístolas são cartas do primeiro século, todas escritas em grego. Elas compõem a maior parte do Novo Testamento. Existem dois grupos de epístolas: as epístolas paulinas (de Romanos a Filemom) e as epístolas católicas ou gerais (de Hebreus a Judas). Em geral, as epístolas contêm argumentos fechados e detalhados e, às vezes, apenas dez versículos podem exigir mais de trinta minutos de leitura concentrada em dupla.

As epístolas são todas escritas para igrejas ou indivíduos específicos, e as verdades eternas que elas ensinam sobre Deus, o evangelho e a vida cristã são desenvolvidas nessas situações específicas.

Aqui estão algumas perguntas COMA adequadas às epístolas:

Questões de **Contexto**:
+ O que você pode aprender sobre a pessoa (ou situação) para a qual a carta foi escrita?

Ajuda para a leitura de diferentes gêneros bíblicos

+ Quais pistas estão presentes sobre o autor e suas circunstâncias?
+ Qual era o ponto principal da passagem imediatamente anterior? Existem conexões lógicas ou temáticas com a passagem que você está lendo?

Questões de **Observação**:
+ Existem subseções ou quebras importantes no texto? Existem palavras-chave de conexão (para, portanto, mas, porque) que indicam o fluxo lógico da passagem?
+ Qual é o ponto principal (ou pontos)? Quais pontos de referência o autor cita?
+ Quais surpresas existem no fluxo do argumento?

Questões de **Mensagem**:
+ Como esse texto se relaciona com outras partes do livro?
+ Como a passagem se relaciona com Jesus?
+ O que isso ensina sobre Deus?
+ Como você poderia resumir o significado dessa passagem com suas próprias palavras?

Questões de **Aplicação**:
+ Como essa passagem desafia (ou confirma) seu entendimento?

+ Há algum comportamento que você precisa mudar?
+ Como essa passagem convoca você a mudar sua maneira de viver?

4. Poesia e sabedoria hebraicas

A literatura de sabedoria hebraica (como Provérbios, Jó e Eclesiastes) e a poesia hebraica (referindo-se, tipicamente, aos livros de Salmos e Cântico dos Cânticos, bem como às passagens poéticas encontradas em outros livros) são um tanto distintas, mas, em geral, são consideradas uma unidade, a "sabedoria" referindo-se ao conteúdo, e a "poesia", à forma literária. Esse tipo de literatura bíblica é conhecido por seu estilo conciso (usando, em geral, frases curtas) e pela riqueza de imagens.

Às vezes, a literatura de sabedoria, como Provérbios, é deliberadamente enigmática e instigante, exigindo que o leitor medite sobre seu significado e pense de novas maneiras. Suas lições para nós nem sempre são comandos simples ("vá e faça isso"); às vezes são observações sobre como a vida funciona no mundo que Deus criou.

Com frequência, a poesia hebraica usa fortes contrastes e comparações na forma de duas linhas (com a primeira e a segunda partes do verso formando um paralelo).

Aqui estão algumas perguntas COMA para usar com a poesia e a sabedoria hebraicas:

Questões de **Contexto**:
* Há alguma dica sobre as circunstâncias nas quais a passagem foi escrita?
* O que aconteceu até agora?

Questões de **Observação**:
* Existem repetições ou variações de ideias semelhantes? Essas repetições enfatizam um ponto específico, ou apontam para a estrutura da passagem?
* Quais imagens ou metáforas o autor usa? O que indicam a respeito de Deus ou das outras pessoas no texto? O que podem indicar sobre os leitores modernos?
* Qual é o tom da passagem? Quais emoções o autor está despertando?
* Qual é o ponto principal (ou pontos)?
* Quais surpresas se fazem presentes?

Questões de **Mensagem**:
* Existem instruções ou comandos específicos dados ao leitor? Essa passagem menciona alguma consequência de não se seguirem os mandamentos de Deus?
* Como o autor motiva seu leitor ou público, ou como faz seu apelo?

+ O que a passagem nos ensina sobre Deus, seu povo e a vida em seu mundo?
+ A passagem aponta para Jesus? O evangelho é antecipado ou prenunciado de alguma forma?

Questões de **Aplicação**:
+ Como essa passagem desafia (ou confirma) seu entendimento?
+ Há algum comportamento que você precisa mudar?
+ Como essa passagem convoca você a mudar sua maneira de viver?

5. Literatura Profética

Muitas pessoas, inclusive nas igrejas, pensam que a profecia bíblica trata principalmente de prever o futuro. Ainda que exista um elemento preditivo nos livros proféticos, essa não é sua principal função. Um profeta é aquele que *fala por Deus*, seja sobre a situação atual, seja sobre o futuro. Os livros proféticos são registros de Deus falando ao seu povo pela voz de um homem escolhido. Deus fala não apenas de suas promessas históricas ao seu povo, mas também dos juízos e bênçãos que eles enfrentam como resultado de sua conduta ética. Nesse sentido, os profetas estão tão preocupados com o atual caráter moral do povo quanto com o futuro, se não mais.

Os profetas também antecipam a vinda de Jesus Cristo de maneira significativa. Muitas vezes, eles preveem diretamente o que Deus fará por meio de Jesus e os atributos específicos do tempo de Jesus na Terra, mas também apontam para a interação geral entre o juízo de Deus e a misericórdia divina sobre seu povo em antecipação do evangelho de Jesus Cristo. Os Profetas Maiores (que têm esse nome pela grande extensão dos livros) são Isaías, Jeremias, Lamentações, Ezequiel e Daniel.[18] Existem 12 Profetas Menores, de Joel a Malaquias.

Aqui estão algumas questões COMA modificadas para a literatura profética:

Questões de **Contexto**:
- Existem pistas sobre as circunstâncias em que a profecia foi dada ou escrita?
- Existem pessoas ou lugares mencionados com os quais você não está familiarizado? (Busque-os em seções anteriores do livro ou consulte um dicionário ou comentário bíblico.)
- Outros trechos do Antigo Testamento são mencionados ou aludidos na passagem? Qual é o papel dessas "memórias" no texto?

---

18 Lamentações é um livro consideravelmente mais curto que a maioria dos Profetas Maiores, mas está incluído nesse grupo porque também é de Jeremias e está junto de seu livro profético maior.

Questões de **Observação**:
* Existem repetições ou variações de ideias semelhantes? Essas repetições enfatizam um ponto específico ou apontam para a estrutura da passagem?
* Ao prestar atenção ao momento em que o profeta está falando e ao momento em que Deus está falando, o que a passagem nos diz sobre os planos de Deus? O que nos diz sobre o caráter de Deus?
* Que tipo de comportamento humano, se for o caso, é condenado ou recompensado? Que resposta é exigida (se houver)?
* Qual é o ponto (ou pontos) principal?

Questões de **Mensagem**:
* Existem instruções ou comandos específicos dados ao leitor? Essa passagem menciona alguma consequência de não se seguirem os mandamentos de Deus?
* O texto tem alguma expectativa sobre algo que acontecerá no futuro? O que é esperado e quando? Como isso deve motivar a ação no presente?
* A passagem aponta para Jesus? O evangelho é antecipado ou prenunciado de alguma forma?

Questões de **Aplicação**:
+ De que forma sua própria situação se assemelha àquela que está sendo abordada ou difere dela?
+ Como essa passagem desafia (ou confirma) seu entendimento?
+ Como essa passagem leva você a confiar em Deus e em suas promessas em Jesus?
+ Como essa passagem convoca você a mudar sua forma de viver?

6. Literatura apocalíptica

A literatura apocalíptica leva o nome da palavra grega *apokalypsis* — literalmente, "revelação". Como tal, esse gênero é um ato de "descobrir" ou "descortinar" o mundo transcendente invisível e seu papel em trazer esse mundo presente ao fim. Tal definição é um bom começo, mas a literatura apocalíptica também é conhecida por outras características literárias:
+ Pronunciamentos ousados em forma de imagem;
+ A presença de visões vívidas;
+ Criaturas estranhas e perturbadoras;
+ Imagens simbólicas dramatizadas;
+ Uso acentuado de metáforas;
+ Abundância de eventos cataclísmicos que sinalizam o fim do mundo;
+ Ação que leva a um julgamento final e à inauguração de um novo mundo.

Embora seja bem apropriado enfatizarmos as ações futuras no estudo da literatura apocalíptica, não devemos esquecer que a morte e a ressurreição de Jesus Cristo figuram fortemente nos eventos descritos nessa literatura. Vários livros da Bíblia incluem uma quantidade de literatura apocalíptica, incluindo todo o Apocalipse, Daniel 7–12, partes de Zacarias e outros livros proféticos, e até mesmo partes dos Evangelhos e das Epístolas (como Marcos 13 e 2 Tessalonicenses 2).

Aqui estão algumas perguntas COMA sugeridas para a literatura apocalíptica:

Questões de **Contexto**:
- Existem pistas sobre as circunstâncias históricas abordadas pela literatura?
- Outros trechos da Bíblia são mencionados ou sugeridos na passagem? Qual é o papel dessas "memórias" no texto?

Questões de **Observação**:
- Quais imagens são usadas na passagem? Que efeito elas têm?
- Quais emoções a passagem desperta (por exemplo, medo, expectativa, reverência)?
- De que forma a passagem procura revelar como Deus é? Em que lugares, nessa passagem, podemos encontrar esperança para homens e mulheres?

+ Há uma crise na passagem? Qual é o tema da tensão ou do conflito, e como se relaciona com os leitores?

Questões de **Mensagem**:
+ Existem instruções ou comandos específicos dados ao leitor? Essa passagem menciona alguma consequência de não se seguirem os mandamentos de Deus?
+ O texto tem alguma expectativa sobre algo que acontecerá no futuro? O que é esperado e quando? Como isso deve motivar a ação no presente?
+ A passagem aponta para Jesus? O evangelho é prenunciado ou revisto de alguma forma?

Questões de **Aplicação**:
+ Como sua própria situação se assemelha àquela que está sendo abordada ou difere dela?
+ Como essa passagem desafia (ou confirma) seu entendimento?
+ Como essa passagem leva você a confiar em Deus e em suas promessas em Jesus?
+ Como essa passagem convoca você a mudar sua maneira de viver?

Capítulo 11
OITO SEMANAS COM O EVANGELHO DE MARCOS

As seguintes seleções do Evangelho de Marcos e as perguntas para discussão de cada passagem podem servir de excelente base para oito semanas de leitura em dupla com um amigo ou um parente não cristão.

Semana 1 (Mc 1.1-15)

- Como Marcos nos mostra que Jesus é digno de atenção?
- Quais "testemunhas" Marcos convoca para apresentar Jesus? E por quê?
- Qual é a mensagem de Jesus e como ela chama sua atenção para ele?
- De acordo com a passagem, o que Jesus veio fazer?
- Qual é sua própria reação a Jesus depois de ler essa passagem?

Semana 2 (Mc 2.1-12)

- Em sua opinião, qual é a coisa mais surpreendente que Jesus faz nesse encontro?
- Se alguém na multidão lhe dissesse: "os teus pecados estão perdoados", o que você e todos os outros pensariam dessa pessoa?
- Como Jesus demonstra sua declaração de ser capaz de perdoar pecados?
- Que diferença você acha que a autoridade dele deveria ter em sua própria vida?

Semana 3 (Mc 3.7-35)

- Como as pessoas reagem a Jesus hoje?
- Quais respostas a Jesus você vê nessa passagem?
- Por que a autoridade do ensino de Jesus representava uma ameaça para os mestres da lei?
- Jesus diz: "Ninguém pode entrar na casa do valente para roubar-lhe os bens, sem primeiro amarrá-lo; e só então lhe saqueará a casa" (v. 27). Qual é o significado dessa afirmação?
- Que casa Jesus afirma derrubar, e o que isso pode significar para você?
- De acordo com essa passagem, de que modo você se torna parte da família de Jesus?

Semana 4 (Mc 8.22-38)

- Qual evento se desenrola pouco antes da confissão de Pedro? Por que você acha que essas duas histórias são colocadas uma ao lado da outra?
- Como você descreveria a cura do cego?
- De que serve um entendimento parcial de Jesus?
- De acordo com Jesus, por que um seguidor de Cristo tem de "negar-se a si mesmo" e "perder sua vida"?

Semana 5 (Mc 10.17-45)

- Olhando os versículos 17-22, qual característica básica das pessoas no mundo Jesus diria ser?
- Com base nessa passagem, você acha que pode ganhar a salvação sendo uma boa pessoa?
- Nos versículos 32-34, Jesus diz que vai morrer. De acordo com o versículo 45, qual é o propósito de sua morte?
- Leia Isaías 53.5, 10-12. Como esses versículos nos ajudam a entender o que é um resgate?
- O que Jesus diz para você fazer se desejar entrar em um relacionamento com Deus?

Semana 6 (Mc 14.53-15.15)

- Quando lemos sobre grandes tragédias na história, tendemos a pensar que agiríamos de

maneira diferente se estivéssemos lá. Você consegue ver a si mesmo nessa passagem? O que você estaria fazendo?
+ De que forma alguns dos personagens dessa passagem se assemelham entre si? E quais são as diferenças?
+ Que evidência Marcos apresenta em sua tentativa de provar que Jesus é o Cristo, o Filho de Deus?
+ Como o silêncio de Jesus comunica sua identidade? (Ver Is 53.7-9.)
+ Como essa passagem afetou sua visão sobre Jesus?

Semana 7 (Mc 15.16-39)

+ Quantas vezes a expressão "Rei dos Judeus" aparece no Capítulo 15 (incluindo os versículos 1-15)? Qual é a ironia disso? O que Marcos está tentando dizer sobre os eventos na cruz?
+ Leia o Salmo 22. Como essa passagem pode ajudá-lo a entender as palavras de Jesus na cruz, no versículo 34?
+ Como o Salmo 22 termina? O que Jesus está reivindicando para si mesmo?
+ Por que você acha que os eventos na cruz eram necessários?

- Qual descrição final Marcos fornece da identidade de Jesus? Onde você viu esse título antes?
- O que os eventos na cruz nos ensinam sobre o que significa seguir Jesus?

Semana 8 (Mc 15.42–16.20)[19]

- De que fato Marcos deseja que seus leitores tenham certeza nos versículos 42-47?
- O que Marcos diz que aconteceu com o corpo de Jesus?
- O que surpreende nesses relatos da ressurreição de Jesus?
- Por que é significativo o fato de Jesus haver ressuscitado dos mortos?
- Para aqueles que viram Jesus e creram, o que ele quer que eles façam?
- Qual é o propósito dos sinais?
- Quais perguntas você ainda tem? Você está pronto para seguir Jesus?

---

19 O final do evangelho segundo Marcos tem sido disputado, inclusive por teólogos conservadores. Alguns manuscritos, em especial os dois primeiros manuscritos completos (séc. IV), terminam no versículo 8. A maioria dos manuscritos contém o final mais longo tradicional (vv. 9–20), bem como o testemunho patrístico a partir do séc. II (com a possível exceção de Eusébio e Jerônimo). Um final mais curto aparece em um número mínimo de manuscritos, e em outros poucos, ambos os finais. O final mais longo, comumente adotado no Brasil, foi empregado nesta leitura.

APÊNDICE 1
CURSO COM ATIVIDADES E PERGUNTAS E RESPOSTAS

David Helm lecionou quatro lições sobre "o que, por que, quem e como" da leitura bíblica em duplas. Este material pode ajudá-lo na complementação do estudo deste livro ou na preparação de um curso de cerca de duas horas para treinamento.

Veja os vídeos através do QR code abaixo ou no site: https://conteudo.editorafiel.com.br/discipulando

Lição 1
O QUE É?
POR QUE FAZER?

Na primeira lição, aborde o que é a leitura em duplas da Bíblia e aquilo em que é preciso acreditar para encontrar valor nela. O objetivo da lição é estabelecer uma convicção subjacente sobre a obra e a Palavra de Deus que possa incentivar um cristão a se dedicar a ler a Bíblia regularmente. A leitura dos capítulos 1 e 2 é muito útil.

Perguntas para discussão
1. O que é leitura bíblica em duplas?

2. O que essa leitura envolve?

3. Por que alguém poderia fazer isso?

4. Como Deus faz sua obra? O que Romanos nos ensina sobre a obra de Deus?

5. Em que você precisa acreditar a respeito da Palavra de Deus para encontrar valor na leitura em dupla?

Ideias para atividades em grupo

Primeiro, peça ao grupo para ler 2 Timóteo 3.14-17; 2.20-26; 4.1-5 (nessa ordem). Depois, peça que façam uma lista de todas as coisas que a Palavra de Deus é capaz de fazer. Eles devem observar sinônimos e derivações da Palavra de Deus nos textos (como verdade, ensino, doutrina, Escritura Sagrada). Anote a lista em um quadro branco para todos verem.

Segundo, depois de vocês fazerem a lista, peça ao grupo para organizar seus itens em quatro ou cinco categorias gerais. O objetivo é desenvolver uma rubrica memorizável para refletir e orar a respeito quando estiverem se preparando para estudar a Bíblia ou ler em duplas. Anotem os títulos das categorias no quadro branco. Você pode até separar por cores cada item individual da lista.

Terceiro, peça ao grupo para desenvolver uma maneira de lembrar o poder da Palavra quando estiver se preparando para estudar a Bíblia ou ler em duplas (por exemplo, eles podem anotar a rubrica que foi criada nas capas de suas Bíblias, fazer marcadores com a rubrica, criar ímãs com ela, salvar a rubrica como uma nota em seus telefones celulares e muitas outras ideias). Peça ao grupo para implementar essa ideia ou prometer implementá-la antes de sua próxima reunião.

Vocês podem terminar lendo Romanos 1.16-17: "Pois não me envergonho do evangelho, porque é o poder de Deus para a salvação de todo aquele que crê, primeiro do judeu e também do grego; visto que a justiça de Deus se revela no evangelho, de fé em fé, como está escrito: O justo viverá por fé".

Lição 2
PARA QUEM É?

Na segunda lição, aborde para quem é a leitura em dupla da Bíblia. O objetivo desta lição é estabelecer algumas categorias para pensar sobre as pessoas — sejam não cristãos, novos cristãos ou cristãos em treinamento para liderança — com quem você pode ler a Escritura. A leitura do capítulo 3 é bastante útil.

Perguntas para discussão

1. O que a Bíblia nos ensina sobre a causa do crescimento espiritual para todas as pessoas?

2. Quais são as vantagens de ler com não cristãos? Quais são os desafios específicos?

3. Quais são as vantagens de ler com novos cristãos? Quais são os desafios específicos?

4. Quais são as vantagens de ler com cristãos que estão treinando para ocupar posições de liderança? Quais são os desafios específicos?

5. O que pode impedir você de começar a ler com alguém?

Ideias para atividades em grupo

Abra cada um dos textos a seguir e trabalhe as seguintes perguntas com o grupo:
1. Quem são os personagens centrais da passagem?
2. Qual é a condição espiritual deles?
3. Qual é a causa do crescimento?

	Personagens	Condição espiritual	Causa de crescimento
Atos 8.26-40			
Lucas 10.38-42			
Atos 18.24-28			

Após, peça ao grupo que preencha a tabela a seguir com o nome de duas ou três pessoas que eles conheçam para cada categoria.

Condição espiritual	Pessoas
Não cristão	
Novo cristão	
Cristão em treinamento para liderança	

Lição 3
COMO COMEÇAR? (PARTE 1)

Na terceira lição, aborde como uma pessoa pode começar a ler a Bíblia em dupla. O objetivo desta lição é explorar uma das coisas mais importantes que você pode fazer ao se preparar para ler com alguém: orar. A leitura do capítulo 4 será bastante útil.

Perguntas para discussão

1. Qual é a primeira coisa que você deve fazer para começar a ler a Bíblia em dupla?

2. O que é oração?

3. Por que é importante começar com a oração?

4. Como o Evangelho de Lucas conecta a oração ao reconhecimento de quem é Jesus? Por que isso é importante ao considerar a leitura da Bíblia em duplas?

5. Por quem você pode orar? Pelo que você pode orar?

Ideias para atividades em grupo

Essa atividade é aparentemente fácil, mas requer uma disposição considerável. Simplesmente passe um tempo com seu grupo em oração. Você pode sugerir que cada um faça seus pedidos e, então, orem em grupo. Vocês podem dividir-se em grupos menores de dois ou três e orar juntos. Ou podem simplesmente orar sozinhos. Mas, como a primeira coisa que alguém deve fazer para começar a ler a Bíblia em dupla é orar, é importante realmente passar algum tempo orando.

Você pode orar por:

1. Os objetivos de Deus para seu povo e para todas as pessoas na leitura de sua Palavra.
2. Seu objetivo ao ler a Bíblia com alguém.

3. Pessoas específicas com quem você pode ler (consulte seu quadro na Atividade da Lição 2).
4. Confiança para começar.

Lição 4
COMO COMEÇAR? (PARTE 2)

Nesta quarta e última lição, continue abordando como alguém pode começar a ler a Bíblia em dupla. O objetivo desta lição é identificar e superar os desafios de convidar alguém para ler a Escritura em dupla. A leitura dos capítulos 5 e 7 será bastante útil.

Perguntas para discussão

1. Depois de passar algum tempo orando, o que vem em seguida?

2. Quais são algumas das razões comuns pelas quais as pessoas têm dificuldade para começar a ler a Bíblia com alguém?

3. Por que você, pessoalmente, acha difícil começar a ler a Bíblia com alguém?

4. Qual é a grande vantagem de perceber que você é/era "inconscientemente incompetente"?

5. O que está em jogo? O que pode acontecer se você, seus amigos, sua família e muitas outras pessoas em sua igreja começarem a ler a Bíblia em duplas?

Ideias para atvidadades

Após encorajar seus ouvintes a como convidar alguém para ler a Bíblia juntos, exemplifique como seria esse encontro, fazendo a leitura de Marcos 1.1-15 junto com eles e respondendo às perguntas sugeridas.

1. Como Marcos nos mostra que Jesus é digno de atenção?
2. Quais "testemunhas" Marcos convoca para apresentar Jesus? E por quê?
3. Qual é a mensagem de Jesus e como ela chama sua atenção para ele?
4. De acordo com a passagem, o que Jesus veio fazer?
5. Qual é sua própria reação a Jesus depois de ler essa passagem?

APÊNDICE 2
MATERIAL PARA REPRODUÇÃO

Para tornar mais acessível o uso de algumas das ideias e sugestões deste livro, seguem, para fotocópia, as perguntas dos capítulos 10 e 11 com espaço para preenchimento. Você pode usar as fotocópias tanto na preparação como na realização dos encontros.

Você também pode fazer o download deste material através do QR code abaixo ou no site: https://conteudo.editorafiel.com.br/discipulando

QUESTÕES "COMA" PARA OS EVANGELHOS E ATOS

Contexto
O que aconteceu até agora na narrativa? Há algum grande evento, personagem ou tema?

O que aconteceu pouco antes da seção que você está lendo?

Observação

O que você aprendeu sobre os personagens principais nesta seção? Como o autor os descreve? Como eles descrevem a si mesmos?

O tempo ou o local são significativos para os eventos que se desenrolam na passagem?

Há um conflito ou ponto alto na passagem?

Você acha que há um ponto ou tema principal nessa seção da história?

Quais surpresas se fazem presentes?

Mensagem

Existem comentários "editoriais" do autor sobre os eventos da narrativa? Como esses comentários lançam luz sobre o que está acontecendo?

Alguém na narrativa aprende algo ou cresce de alguma maneira? Como isso acontece? O que essa pessoa aprende?

O que a passagem revela sobre quem é Jesus e o que ele veio fazer no mundo?

Como você poderia resumir o significado dessa passagem com suas próprias palavras?

Aplicação

Como essa passagem desafia (ou confirma) seu entendimento?

Há algum comportamento que você precisa mudar?

O que essa passagem ensina sobre ser um discípulo de Jesus?

QUESTÕES "COMA" PARA NARRATIVAS DO ANTIGO TESTAMENTO

Contexto
O que aconteceu até agora na narrativa? Há algum grande evento, personagem ou tema?

O que aconteceu pouco antes da seção que você está lendo?

Observação

O que você aprendeu sobre os personagens principais nessa seção? Como o autor os descreve? Como eles descrevem a si mesmos?

O tempo ou o local são significativos nos eventos que se desenrolam na passagem?

Há um conflito ou ponto alto na passagem?

Você acha que há um ponto ou tema principal nessa seção da história?

Quais surpresas se fazem presentes?

Mensagem
Existem comentários "editoriais" do autor sobre os eventos da narrativa? Como esses comentários lançam luz sobre o que está acontecendo?

Alguém na narrativa aprende algo ou cresce de alguma maneira? Como? O que essa pessoa aprende?

Como a passagem aponta para o que Deus fará no futuro? A passagem profetiza ou antecipa Jesus Cristo de alguma forma?

Como você poderia resumir o significado dessa passagem com suas próprias palavras?

Aplicação

Como essa passagem desafia seu entendimento sobre quem é Deus e como ele é?

Há algum comportamento que você precisa mudar?

QUESTÕES "COMA" PARA AS EPÍSTOLAS

Contexto
O que você pode aprender sobre a pessoa (ou situação) para a qual a carta foi escrita?

Quais são as pistas sobre o autor e suas circunstâncias?

Qual era o ponto principal da passagem imediatamente anterior? Existem conexões lógicas ou temáticas com a passagem que você está lendo?

Observação

Existem subseções ou quebras importantes no texto? Existem palavras-chave de conexão (para, portanto, mas, porque) que indicam o fluxo lógico da passagem?

Qual é o ponto principal (ou pontos principais)? Quais pontos de referência o autor afirma?

Quais surpresas existem no fluxo do argumento?

Mensagem

Como esse texto se relaciona com outras partes do livro?

Como a passagem se relaciona com Jesus?

O que isso ensina sobre Deus?

Como você poderia resumir o significado dessa passagem com suas próprias palavras?

Aplicação
Como essa passagem desafia (ou confirma) seu entendimento?

Há algum comportamento que você precisa mudar?

Como essa passagem convoca você a mudar sua maneira de viver?

QUESTÕES "COMA" PARA POESIA E SABEDORIA HEBRAICAS

Contexto
Há alguma dica sobre as circunstâncias em que a passagem foi escrita?

O que aconteceu até agora?

Observação

Existem repetições ou variações de ideias semelhantes? Essas repetições enfatizam um ponto específico ou apontam para a estrutura da passagem?

Quais imagens ou metáforas o autor usa? O que indicam a respeito de Deus ou das outras pessoas no texto? O que podem sugerir sobre os leitores modernos?

Qual é o tom da passagem? Quais emoções o autor está despertando?

Qual é o ponto principal (ou pontos principais)?

Quais surpresas se fazem presentes?

Mensagem
Existem instruções ou comandos específicos dados ao leitor? Essa passagem menciona alguma consequência de não se seguirem os mandamentos de Deus?

Como o autor motiva seu leitor ou público, ou como faz seu apelo?

O que a passagem nos ensina sobre Deus, seu povo e a vida em seu mundo?

A passagem aponta para Jesus? O evangelho é antecipado ou prenunciado de alguma maneira?

Aplicação

Como essa passagem desafia (ou confirma) seu entendimento?

Há algum comportamento que você precisa mudar?

Como essa passagem convoca você a mudar sua maneira de viver?

QUESTÕES "COMA" PARA LITERATURA PROFÉTICA

Contexto
Existem pistas sobre as circunstâncias em que a profecia foi dada ou escrita?

Existem pessoas ou lugares mencionados com os quais você não esteja familiarizado? (Busque-os em partes anteriores do livro ou consulte um dicionário ou comentário bíblico.)

Outros trechos do Antigo Testamento são mencionados na passagem? Qual é o papel dessas "memórias" no texto?

Observação

Existem repetições ou variações de ideias semelhantes? Essas repetições enfatizam um ponto específico ou apontam para a estrutura da passagem?

Ao observar os momentos em que o profeta está falando e aqueles em que Deus está falando, o que a passagem nos diz sobre os planos de Deus? O que nos diz sobre o caráter de Deus?

Que tipo de comportamento humano, se houver, é condenado ou recompensado? Que resposta é exigida (se houver)?

Qual é o ponto principal (ou pontos principais)?

Mensagem

Existem instruções ou comandos específicos dados ao leitor? Essa passagem menciona alguma consequência de não se seguirem os mandamentos de Deus?

O texto traz alguma expectativa sobre algo que acontecerá no futuro? O que é esperado e quando? Como isso pode motivar a ação no presente?

A passagem aponta para Jesus? O evangelho é antecipado ou prenunciado de alguma forma?

Aplicação
Como sua própria situação se assemelha àquela que está sendo abordada ou difere dela?

Como essa passagem desafia (ou confirma) seu entendimento?

Como essa passagem leva você a confiar em Deus e em suas promessas em Jesus?

Como essa passagem convoca você a mudar sua forma de viver?

PERGUNTAS "COMA" PARA LITERATURA APOCALÍPTICA

Contexto
Existem pistas sobre as circunstâncias históricas abordadas pela literatura?

Outros trechos da Bíblia são mencionados ou sugeridos na passagem? Qual é o papel dessas "memórias" no texto?

Observação

Quais imagens são usadas na passagem? Que efeito elas têm?

Quais emoções a passagem desperta (por exemplo, medo, expectativa, reverência)?

De que forma a passagem procura revelar como Deus é? Onde, nessa passagem, podemos encontrar esperança para homens e mulheres?

Existe uma crise na passagem? Qual é o tema da tensão ou do conflito, e como isso se relaciona com os leitores?

Mensagem

Existem instruções ou comandos específicos dados ao leitor? Essa passagem menciona alguma consequência de não se seguirem os mandamentos de Deus?

O texto traz alguma expectativa sobre algo que acontecerá no futuro? O que é esperado e quando? Como isso pode motivar a ação no presente?

A passagem aponta para Jesus? O evangelho é prenunciado ou revisto de alguma forma?

Aplicação

Como sua própria situação se assemelha àquela que está sendo abordada ou difere dela?

Como essa passagem desafia (ou confirma) seu entendimento?

Como essa passagem leva você a confiar em Deus e em suas promessas em Jesus?

Como essa passagem convoca você a mudar sua forma de viver?

OITO SEMANAS COM O EVANGELHO DE MARCOS

Semana 1 (Mc 1.1-15)
Como Marcos nos mostra que Jesus é digno de atenção?

Quais "testemunhas" Marcos convoca para apresentar Jesus? E por quê?

Qual é a mensagem de Jesus e como ela chama sua atenção para ele?

De acordo com a passagem, o que Jesus veio fazer?

Qual é sua própria reação a Jesus depois de ler essa passagem?

Semana 2 (Mc 2.1-12)

O que você acha que é a coisa mais surpreendente que Jesus faz nesse encontro?

Se alguém na multidão lhe dissesse: "os teus pecados estão perdoados", o que você e todos os outros pensariam dessa pessoa?

Como Jesus demonstra sua declaração de ser capaz de perdoar pecados?

Que diferença você acha que a autoridade dele deveria ter em sua própria vida?

Semana 3 (Mc 3.7-35)
Como as pessoas reagem a Jesus hoje?

Quais respostas a Jesus você vê nessa passagem?

Por que a autoridade do ensino de Jesus representava uma ameaça para os mestres da lei?

Jesus diz: "Ninguém pode entrar na casa do valente para roubar-lhe os bens, sem primeiro amarrá-lo; e só então lhe saqueará a casa" (v. 27). Qual é o significado dessa afirmação?

Qual casa Jesus afirma derrubar, e o que isso pode significar para você?

De acordo com essa passagem, de que forma você se torna parte da família de Jesus?

Semana 4 (Mc 8.22-38)
Qual evento se desenrola pouco antes da confissão de Pedro? Por que você acha que essas duas histórias são colocadas uma ao lado da outra?

Como você descreveria a cura do cego?

De que serve um entendimento parcial de Jesus?

De acordo com Jesus, por que um seguidor de Cristo tem de "negar a si mesmo" e "perder sua vida"?

Semana 5 (Mc 10.17-45)
Olhando os versículos 17-22, o que Jesus diria do caráter básico das pessoas no mundo?

Com base nessa passagem, você acha que pode ganhar sua salvação sendo uma boa pessoa?

Nos versículos 32-34, Jesus diz que vai morrer. De acordo com o versículo 45, qual é o propósito de sua morte?

Leia Isaías 53.5, 10-12. Como esses versículos nos ajudam a entender o que é um resgate?

O que Jesus diz para você fazer se desejar entrar em um relacionamento com Deus?

Semana 6 (Mc 14.53–15.15)

Quando lemos sobre grandes tragédias na história, tendemos a pensar que agiríamos de forma diferente se estivéssemos lá. Você consegue ver a si mesmo nessa passagem? O que você estaria fazendo?

De que forma alguns dos personagens dessa passagem se assemelham entre si? Quais são as diferenças?

Que evidência Marcos apresenta em sua tentativa de provar que Jesus é o Cristo, o Filho de Deus?

Como o silêncio de Jesus comunica sua identidade? (Ver Is 53.7-9.)

Como essa passagem afetou sua visão sobre Jesus?

Semana 7 (Mc 15.16-39)

Quantas vezes a expressão "Rei dos Judeus" aparece no Capítulo 15 (incluindo os versículos 1-15)? Qual é a ironia disso? O que Marcos está tentando dizer sobre os eventos na cruz?

Leia o Salmo 22. Como essa passagem pode ajudá-lo a entender as palavras de Jesus na cruz, no versículo 34?

Como o Salmo 22 termina? O que Jesus está reivindicando para si mesmo?

Por que você acha que os eventos na cruz eram necessários?

Que descrição final Marcos fornece da identidade de Jesus? Onde você viu esse título antes?

O que os eventos na cruz nos ensinam sobre o que significa seguir Jesus?

Semana 8 (Mc 15.42-16.8)

De que fato Marcos deseja que seus leitores tenham certeza nos versículos 42-47?

O que Marcos diz que aconteceu com o corpo de Jesus?

O que surpreende nesses relatos da ressurreição de Jesus?

Por que é significativo o fato de Jesus haver ressuscitado dos mortos?

Para aqueles que viram Jesus e creram, o que ele quer que eles façam?

Qual é o propósito dos sinais?

Quais perguntas você ainda tem? Você está pronto para seguir Jesus?

FIEL
MINISTÉRIO

O Ministério Fiel visa apoiar a igreja de Deus, fornecendo conteúdo fiel às Escrituras através de conferências, cursos teológicos, literatura, do Ministério Apoie um Pastor e de conteúdo online gratuito.

Disponibilizamos em nosso site centenas de recursos, como vídeos de pregações e conferências, artigos, e-books, audiolivros, blog e muito mais. Lá também é possível assinar nosso informativo e se tornar parte da comunidade Fiel, recebendo acesso a esses e outros materiais, além de promoções exclusivas.

Visite nosso site

www.ministeriofiel.com.br

VOLTEMOS AO EVANGELHO

O Voltemos ao Evangelho é um site cristão centrado no evangelho de Jesus Cristo. Acreditamos que a igreja precisa urgentemente voltar a estar ancorada na Bíblia Sagrada, fundamentada na sã doutrina, saturada das boas-novas, engajada na Grande Comissão e voltada para a glória de Deus.

Para acessar mais de 4.000 recursos gratuitos, visite:

www.voltemosaoevangelho.com

LEIA TAMBÉM

LEIA TAMBÉM

LEIA TAMBÉM

LEIA TAMBÉM

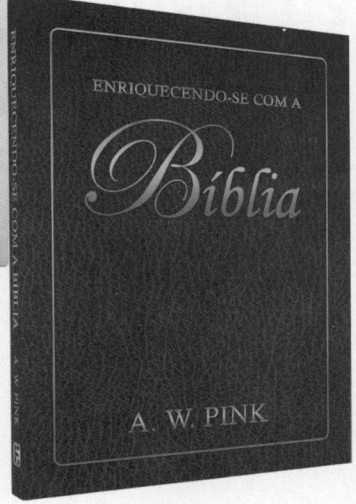

CURSO DISCIPULANDO COM A BÍBLIA

Assista a David Helm ensinando sobre os fundamentos deste livro e baixe o material auxiliar através do site:

https://conteudo.editorafiel.com.br/discipulando

Esta obra foi composta em AJensonPro Regular 13,0, e impressa
na Promove Artes Gráficas sobre o papel Polen 70g/m²,
para Editora Fiel, em Maio de 2025.